진인진

창의지성교육과 민주주의학교 :
공부도 잘 하는 혁신교육 2.0

진인진

창의지성교육과 민주주의학교 : 공부도 잘 하는 혁신교육 2.0

차례

| V |

새로운 혁신교육과 민주주의학교 ······························· 149

| Ⅵ |

제4차 산업혁명과 인공지능 시대의
디지털 시민역량(Digital Literacy)

서문

서문

필자가 공교육에 관심을 갖게 된 것은 2009년 혁신교육을 설계하기 훨씬 이전부터다. 대학에서 학생들을 가르치면서 알게 된 흥미로운 현상은 해가 지날수록 학생들이 주어진 교재나 논문들을 스스로 읽고 이해하는 데 큰 어려움을 겪고 있다는 점이었다. 1980년대나 그 이전 시기에 대학에 입학한 세대들과는 달리 학교뿐 아니라 학원, 과외, 인터넷 강의 등 교육의 기회가 훨씬 신장되고 비용도 더 많이 치르면서 대학에 입학한 세대들이 그 이전 세대보다 기초 학력이 나아진 것이 아니라, 오히려 기본적인 읽기와 쓰기에 더 큰 어려움을 겪고 있다는 것은 참으로 이해하기 힘든 현상이었다. 일부 대학은 이러한 현실을 반영하듯이 글쓰기 센터 등을 개설하여 읽기와 쓰기를 따로 가르치거나, 고등학교 수준의 수학을 별도 과목으로 개설하기도 하고 있다. 이러한 현상은 필자뿐 아니라 다른 대학의 교수들도 거의 같이 느끼고 지적하던 문제였다.

학생들이 사교육에 지나치게 의존하면서 입시 위주의 수험 공부에만 치중하기 때문이라고 생각하였으나, 현재의 입시 제도에서는 공교육이 도무지 사교육과 경쟁할 수 없음을 깨닫게 되었다. 그렇다고 입시 제도만을 탓하면서 피폐화된 공교육을 놓고 한탄만 할 수도 없었다. 주변의 동료 교수들이나 교육 전문가들과 몇 해에 걸쳐 이 문제를 고민한 끝에 내린 결론은 공교육의 혁신적인 재구성만이 교육 문제를 해결할 수 있는 유일한 대안이라는 결론에 이르렀다. 이러한 생각들은 2009년 경기 혁신교육으로 구체화되었고, 2014년까지 필자는 혁신학교의 정착을 위해 노력한 바 있다.

그러나 2014년 이후 혁신학교는 혁신교육의 본령에서 벗어나기 시작하였고, 이에 혁신교육에 대한 피로감마저 심심치 않게 나타나는 상황에 이르렀다. 이제는 기존의 혁신교육이 이룬 성과를 계승하면서도 기존 방식이 보여준 한계를 과감히 극복하고 혁신교육2.0으로 공교육 정상화를 넘어서 공교육의 진정한 재구성에 나설 때이다.

이 책은 공교육의 혁신적 재구성을 위해 창의지성교육과 민주주의학교, 그리고 미래 교육에 대하여 필자가 연구해왔던 성과들을 논리적으로 재구조화하여 정리한 작업으로서, 혁신교육2.0을 위한 청사진이기도 하다.

책의 구성은 다음과 같다.

제I장은 서론으로서, 우리 시대의 거대한 두 개의 화두인 촛불 시민혁명 이후 민주주의의 완성, 그리고 4차 산업혁명과 선순환적 사회 구조의 형성이라는 과제에 대한 가장 적실한 교육의 대응방향이 무엇인지에 대해 논하고 있다. 나아가 그러한 대응방향을 보다 정확하게 역사적으로 정초하기 위해 경기혁신교육 제1기(2009년부터 2018년까지)의 성과와 한계에 대해 객관적으로 논하면서, 본서의 내용을 총괄하여 소개했다.

제II장에서는 새로운 교육 패러다임의 핵심으로, 필자가 지난 2009년부터 구상하고 혁신학교를 통해 일부 실천하면서 꾸준히 발전시켜온 창의지성교육에 대해 논한다. 창의지성교육의 내용과 가치, 교육의 방향, 지향하는 인재상, 창의적 지성인을 길러내기 위한 네 가지 텍스트, 그리고 교사의 새로운 역할에 대하여 논의한다.

창의지성교육은 양극화의 심화가 초래한 교육의 특권화와 서열화, 그로 인한 마비된 공교육의 개혁하여 모든 사회 계층이 질 높은 공교육의 성과를 폭넓게 향유하게 함으로써 교육이 사회 전체의 건강성 회복에 기여할 수 있는 기폭제가 되도록 하기 위한 것이다. 이를 위해 필요한 교육의 내용, 교육 개혁을 위해 갖추어야 하는 제도적 혁신, 그리고 새롭게 구성되어야 할 학교의 특징 등을 상세히 알아본다.

제III장은 창의지성교육이 지향하는 지성의 성격과 생각의 힘을 살펴본다. 창의지성교육이 키우려는 '생각'은 지식에 머무는 것이 아니라 그 자체가 시민의 힘이며, 올바른 주권자로서의 능력이다. 창의지성교육이 추구하는 지성은 세계의 본질을 사유하고 삶의 의미를 탐구하는 통찰적 인식, 자신을 둘러싼 환경 여건의 변화와 발전을 설계하고 창안하기 위해 새롭게 질문을 던지고 해결해내는 기획 능력, 건강한 권리 의식을 갖고서 역사와 사회에 대한 책무성을 인식하며 사회적으로 연대할 수 있는 민주 시민 능력, 독립적 사회 주체로서 역사와 사회 속의 자기정체성을 분명히 하고 경제·사회적으로 건강하고 주체적인 삶을 영위할 수 있는 독립적 생활 능력 등 인식, 기획, 실천, 삶으로 이어지는 종합적 지성이다.

제IV장은 창의지성교육 과정으로, 생각의 힘을 키울 수 있는 배움 중심 수업에 대한 논의다. 창의지성교육 과정은 비판적 사고를 통해서 학생들이 자신의 생각을 키우는 것이다. 교육 과정은 단편화된 지식의 축적을 넘어서는 것이어야 하며, 지식은 지적 성장의 결과물이자 더 높은 단계로의 지적 성장의 과정적 매개물로서 의미를 가진다. 창의지성교육의 수업 체계는 지식의 텍스트와 인지 전략에서 기존의 교육관과는 본질적으로 다르다. 행태주의, 다중 지능설, 역량 기반 교육 등에 영향을 받은 기존 교육 과정의 한계를 검토하고, 비판적 사고를 통해 각자 고유한 통합적인 사고를 갖춘 창의적이고 독립적인 민주 시민을 양성하려는 창의지성교육 과정이 어떻게 수업으로 구현될 수 있는지를 제시한다.

제V장은 창의지성교육이 이루어질 새로운 배움과 실천의 공동체로서의 민주주의학교에 대한 구상이다. 창의지성교육은 교사와 학생이 배움과 소통의 진정한 주체로 거듭나기 전에는 완성될 수 없다. 통찰력, 기획력, 민주 시민 자질 등의 종합적 지성을 키우기 위한 교육 내용의 개혁만으로는 새로운 교육의 패러다임을 실현하는 데 한계가 있다.

경기도 혁신교육이 답보 상태에 놓이게 된 제도적 원인은 개혁적인 교육 내용을 기존의 관리적 통제 체계의 학교에 담으려 한 것에서 찾을 수 있다. 위계적 구조에서 관료적으로 통제되는 교육 거버넌스를 개혁하여 학생과 교사를 교육의 주체로 세워 종합적 지성을 키워내기 위한 새로운 교육을 실현할 수 있는 민주주의적 학교 공동체를 건설하기 위한 실천 전략을 제시한다.

제VI장은 4차 산업혁명 시대의 교육 과정에 반드시 포함되어야 하는 '디지털 시민역량'을 창의지성교육의 틀에서 어떻게 다루어야 할지를 논의한다. 모든 정보와 생활의 기반이 디지털 기기로 대체되고 있는 지금, 문자 해독 능력만으로는 미래 사회에서 디지털 문맹으로 남게 된다. 디지털 시민역량 교육은 디지털 문맹 퇴치를 기본으로 하지만, 이를 넘어서서 넘쳐나는 정보의 바다 속에서 옳고 그름을 스스로 판단하고 받아들일 것과 거부할 것을 구분할 수 있는 비판적 사고력을 키우는 교육이 되어야 한다. 또한 모든 학생들에게 공평하게 교육되어야 한다는 점에서 반드시 공교육의 장에서 이루어져야 한다. 즉 디지털 시민

역량은 창의지성교육이 추구하는 생각하는 힘을 키우는 교육의 연장이며, 비판적 사고는 디지털 시대의 필수적 역량이 되어야 한다.

이 책을 준비하면서 흩어져 있던 원고들을 취합하고 책을 구성하는 데 논리적 검토와 도움을 아끼지 않은 경희대학교 정하용교수께 이 자리를 빌어 감사드린다. 그리고 필자의 가장 든든한 지원자이자 동지인 아내 김유향 박사에게 미안함과 고마움을 전하고자 한다.

2018년 3월 1일

창의지성교육과 민주주의학교,
경기 혁신교육의 대전환을 위하여

송주명

I

촛불 혁명과 4차 산업혁명, 그리고 새로운 교육 패러다임

I. 촛불 혁명과 4차 산업혁명, 그리고 새로운 교육 패러다임

촛불 혁명과 교육 개혁

2017년 10월에 시작되어 2018년에 현직 대통령의 파면과 구속으로 이어진 촛불 혁명은 평범한 시민들이 부패하고 시대착오적인 최고 공직자를 거부하고, 민주주의를 복원시켜 새로운 국가를 만들어 나아가도록 한 우리 현대사의 일획을 긋는 정치 혁명이었다. 촛불 혁명은 정치적 변혁을 통해서 길게 보아 70년 한국 현대사의 해묵은 구조적 폐단을 해소하고자 하는 혁명이며, 짧게는 1987년 체제가 갖는 한계와 1997년 이후의 신자유주의적인 정치 논리를 극복하고서 진정한 민주주의를 향해 나아가기 위한 시민 혁명이다. 이 혁명은 새로운 시대를 위한 개혁의 출발이라는 점에서 아직 미완성이지만, 민주주의의 완성을 위해 발전시켜야만 하는 두 가지 획기적 계기를 잉태하고 있다. 하나는 민주주의의 주체, 즉 '주권자로서 시민'이 탄생하여 그 발전의 계기를 형성한 것이요, 다른 하나는 그 시민들의 지향 목표로서 '민주공화국'이 실천적으로 재발견된 것이다.

고대 도시 국가의 주체로서 '시민'이 등장한 이래로, 공화제에서 시민은 보편적 주체로서의 의미를 갖게 되었다. 결국 시민은 국가가 존립해야 하는 목적이고, 국가의 주체, 즉 주권자로서의 의미를 갖게 된다. 루소의 표현을 빌리자면, 시민은 국가의 목적인 '일반 의지', 즉 국가가 추구해야 할 공공적 의무의 형성자다. 시민은 개별자로서 자유롭고 평등한 개인으로 출발하지만 스스로의 행복, 안전, 생존 등을 보다 안정적으로 확보하기 위해 공통의 약속을 만들고 국가를 형성하는 집합적 주체를 의미한다. 따라서 시민은 스스로의 기본권과 시민권을 국가의 존립 목적인 '공공적 의무'로 만들며, 이 공공적 의무를 실현하기 위한 도구로서 국가 권력을 형성하고 이를 정부에 위임하는 주체이기도 하다. 이번 촛불 시민 혁명을 통해 대한민국 국민들은 국가에 예속되어온 신민(臣民)의 역사를 거부하고, 스스로가 국가를 주체적으로 구성하는 주권자로서의 시민(市民)을 선언한 것이다.

시민이 올곧게 주권자로 서는 명실상부한 새로운 민주공화국을 세워야 하는 지금, 이번 촛불 시민 혁명이 1987년 민주주의 체제와 1997년 신자유주의 체제의 모순이 집약된 지점에서 발생했음을 인식해야만 한다. 87년 체제의 가장 큰 문제는 주권자 시민의 부재, 그리고 시민적 합의에 기초한 국가의 공공적 의무의 추상성에 있었다고 해도 과언이 아니다. 즉 국가의 공공적 의무를 형성하고 이를 지탱해야 할 주체의 힘이 대단히 미약했기에 권력의 사유화와 절대화(소위 제왕적 대통령의 문제)가 나타날 가능성이 매우 컸던 것이다. 불완전한 87년 민주주의 체제가 야만적인 신자유주의라는 97년 체제와 맞물림으로써, 슬프게도 민주주의가 불평등과 극단적 양극화를 정당화하는 장치로 기능하게 되었다. '민주주의'는 국민적, 시민적 삶의 안정성을 보장해주기는커녕 그들을 '헬조선'이라는 상시적인 삶의 위기로 몰아간 것이다.

그러므로 새로운 민주공화국은 촛불 시민 혁명이 밝혀놓은 '진짜 민주주의'의 정치적 지향을 반영해야 한다. 이는 주권자로서 시민의 삶을 보장하고, 민주공화국의 원리에 충실한 국가를 구축함과 동시에, 경제와 사회를 시민이 민주적으로 통제해가는 새로운 민주주의 요소를 포함해야 할 것이다. 명실상부한 민주, 평등, 공공성의 민주공화국이 되어야 하는 것이다. 진정한 민주공화국을 구현하기 위해서는 이에 합당한 깨어 있고 실질적인 정치사회적 주인이 될 수 있는 시민 역량이 반드시 필요하다. 주권자로서 창의적이고 독립적인 시민이 제대로 서지 않는다면 촛불 혁명은 미완으로 남게 될 가능성이 크다.

이러한 능력을 갖춘 시민을 길러내기 위해서는 이들이 지성의 힘을 갖추도록 전면적인 교육 개혁이 절실하게 요구된다. 아리스토텔레스 이래로 과거 그리스 시대부터 시민이 갖추어야 할 기본적 덕목과 힘은 지혜, 정의, 용기, 절제로 정의되었다. 로마 시대에 키케로는 이를 발전시켜 지혜를 세계를 인식하는 힘, 즉 통찰력과 상상력으로, 정의를 시민들이 더불어 행복하게 살아갈 수 있는 조건, 즉 사회적 배분과 신의관계를 구축할 수 있도록 하는 기획력, 용기와 절제를 동의 및 연대를 기초로 하는 사회적 실천으로 규정하였다. 전통적으로 시민의 덕목으로 여겨져 온 지혜, 정의, 용기, 절제는 오늘날 창의지성교육에서 말하는 종합적인 지성의 힘이다. 즉 통찰력과 기획력을 갖춘 민주 시민으로서의 삶의 능력이 바로 지성이며, 지성이 바로 민주공화국을 지탱할 수 있는 힘인 것이다.

창의지성교육을 통하여 공교육의 장에서 지성을 키울 수 있는 교육을 이루어내기 위해서는 학교의 민주적 재편이 수반되어야 한다. 즉 학생들과 교사들의 민주적 삶의 장으로서 학교를 재설계해야 한다. 기존의 위계적이고 폐쇄적인 질서 속에서 통제되고 관리되던 학교를 '민주주의학교'로 탈바꿈시켜야 한다. 민주주의학교로 학교의 패러다임을 근본적으로 전환해야 하는 이유는 우선 교사와 학생이 통제와 관리의 대상으로 여겨지는 곳에서는 지성의 힘을 기를 수 있는 새로운 교육, 즉 창의지성교육을 담아낼 수 없기 때문이다. 규격화된 지식을 기계적으로 전수해야 하는 학교에서 어떻게 창의적인 지성이 길러질 수 있겠

는가? 학교 구성원들이 서로 존중하고 자유롭게 생각을 펼칠 수 있는 민주적 소통의 장인 민주주의학교에서만이 민주적 시민을 위한 지성 교육이 가능하다. 또한 촛불 혁명 이후 기업뿐 아니라 공직 사회조차도 민주적 의사 결정과 자유로운 소통 문화가 확산되고 있으나, 유독 교육 현장만은 여전히 과거 권위주의적인 문화에서 벗어나지 못하고 있다. 민주적 공동체로 재구성된 학교는 학생들뿐 아니라 교사, 학부모, 직원 모두 민주 시민으로서의 덕목을 배우고 실천하는 민주주의의 훈련장이 될 것이다.

4차 산업혁명과 미래 교육

한편 민주주의학교에서 이루어질 창의지성교육은 촛불 혁명의 정치적 완성을 넘어서서 4차 산업혁명이 요구하는 미래 교육의 가장 현실적인 대안이기도 하다. 새로운 시대 변화에 대비한 미래 세대에 대한 투자는 그에 적합한 새로운 인간을 통해서 미래를 조감하고 설계하는 일에서부터 시작해야 한다. 이는 그들이 만들어 갈 사회에 따라 달라질 우리의 삶에 대한 문제이기 때문이다. 무엇보다 미래의 한국은 높은 수준의 지식과 정보를 생산하는 사회이어야 하며, 이를 통해 지속적인 성장을 추구해야 한다. 인공지능, 소프트웨어, 빅데이터 등 정보통신 기술(ICT) 의 발달과 기술 혁신으로 인한 노동의 성격과 일자리 지형이 근본적으로 변화하기 시작하였고, 이러한 변화보다 앞서서 한층 강화된 국제적 경쟁이 이미 강요되고 있다. 이른바 '초연결성(Hyper-Connected)', '초지능화(Hyper-Intelligent)로 특징지워지는 미래 사회는 모든 것이 상호 연결되고 보다 지능화된 사회로의 혁신적 변화에 능동적으로 적응하면서도, 동시에 이러한 변화를 주도할 수 있는 적극적인 힘을 갖춘 지성인이 사회적 자산으로 밑받침되어야 한다.

미래 사회의 지성인을 길러내야 하는 것이 미래 사회를 대비하는 가장 중요한 사회적 과제이자 교육의 핵심 과제로 주어진 것이 현실이다. 단순 노동이나 일반 사무직뿐 아니라, 전문직의 상당 부분이 붕괴될 미래 사회에 대처해야할 새로운 인재의 모습은 자명하다. 미래 사회의 새로운 역량의 핵심은 궁극적으로 정보 기술의 발전 방향과 양식을 규정할 수 있는 창의성, 빅데이터와 인공지능으로 해결할 수 없는 과제를 찾아내어 정의할 수 있는 분석적 추론, 인공지능을 설계하고 개발, 훈련, 감독, 조정할 수 있는 지성(intellect)이 필수적으로 요구된다. 요컨대, 문제 해결 이전에, 더욱 중요한 단계인 새로운 문제를 찾아내고 새로운 질문을 던질 수 있는 창의적 지성으로 인공지능이 대체한 자리를 넘어서 인간만이 수행할 수 있는 과제를 탐구하고, 인간만이 향유할 수 있는 새로운 도전을 규정하고 극복해야 하는 것이다.

4차 산업혁명이 불러올 미래 사회의 어두운 측면은 정보와 기술력을 독점한 소수가 다수를 통제함으로써 기술이 인간을 지배하는 디스토피아가 도래할 가능성이다. 미래 사회의 디스토피아적 측면을 통제하고 시민 모두가 그 결과를 향유하도록 하기 위해서도 창의지성교육은 반드시 필요하다.

인공지능으로 대변되는 기술력 혁신의 영향을 보편적 복지의 확대와 시민적 여유의 확산으로 귀결시키려면 시민들을 생계의 종속으로부터 완화시킬 수 있도록 정치 참여가 확대되고, 고품격의 교육이 제공되어야 한다. 즉 시민 주도의 민주적인 사회를 열어갈 수 있는 통찰력과 기획력, 그리고 민주 시민으로서의 자질이 미래 사회에는 더욱 요구되는 것이다. 4차 산업혁명이 제공하는 기술력의 비약적인 발전이라는 조건을 여가와 복지, 참여의 확대로 규정할 수 있는 민주적 시민 공동체의 실현을 위해 긍정적으로 활용하기 위해서는 시민의 종합적 지성이 반드시 선행되어 존재해야 한다.

미래 사회를 주도하기 위해서는 교육이 단편적 지식보다는 종합적 지성을 키우는 방향으로 나아가야 한다는 것에는 큰 이견이 존재하지 않는다. 그럼에도 불구하고, 여전히 우리 공교육은 기술 습득을 목표로 하는 기능주의적 지식 전달 중심의 학교 교육 체제를 벗어나지 못하고 있다. 이러한 학교에서 미래 사회를 이끌 수 있는 창의적이고 종합적인 지성을 길러내는 것은 거의 불가능하다. 2009년 경기도교육청에 의해 최초로 도입된 혁신교육과 창의지성교육은 기업과 국가가 요구하는 기능인과 관리직을 공급하기 위해 정형화된 기존 학교 교육의 내용과 방법을 넘어 교육 체계까지 혁신하기 위한 것이었다.

국가 수준 교육 과정을 통해 국가가 최상층에서 학습의 내용을 결정하고 지식과 기술의 전달 과정을 통제하고 관리함으로써 배움의 현장인 학교와 수업에서 통찰력과 상상력, 기획력, 민주 시민으로서 자질 등의 종합적 지성을 키울 기회를 근본적으로 제약한다고 할 수 있다. 즉 현재의 교육 체계는 창의적 지성의 출발이자 기본인 생각하는 힘을 키우는 것이 아니라 오히려 억압하고 질식시키는 방향으로 작용할 여지가 매우 크다고 할 수 있다.

민주적이고 독립적인 시민이 가져야 하는 통찰력, 기획력, 민주 시민 능력, 즉 종합적 지성을 키우는 교육은 과거의 하향식 교육 행정 주도적 정책을 통한 주입식 교육과는 완전히 구별된 처방이 필요하다. 현재의 교육 내용을 부분적으로 봉합하거나 몇몇 혁신적 교육 프로그램을 추가하는 소극적 시도만으로는 기존의 문제점을 결코 넘어설 수 없다. 더욱이 기존의 교육 관행과 내용에는 변화가 없으면서, 덧붙여지는 프로그램에 대한 비자발적 실천이 강요됨으로써 학교 현장과 교사들은 이를 추가적 부담으로 인식하고 이른바 교육 혁신에 대한 피로감을 느끼는 것도 사실이기 때문이다.

새로운 학교, 새로운 교육

미래의 창의적이고 독립적인 시민을 길러내기 위한 교육의 개혁은 두 가지 조건이 충족될 때 가능하다. 통찰력, 기획력, 민주 시민 자질 등의 종합적 지성을 키우기 위한 교육 내용의 개혁이 미래의 시민을 길러내기 위한 필요조건이라면, 기존의 위계적이고 관료적인 교육 거버넌스를 과감히 탈피하며 민주주의학교라는 새로운 교육 생태계를 만들어내는 것은 그 충분조건이라 할 수 있다. 교과서형 지식에 기초한 주입식–암기식 교육을 위해 만들어진 종래의 학교를 혁명적으로 변화시켜서 학생과 교사를 교육의 주체로 세워 창의적이고 독립적인 시민이 가져야 할 종합적 지성을 키워내기 위한 새로운 교육의 내용과 민주주의적 학교 공동체를 건설할 것이 요구된다.

우리가 민주주의학교라고 부르는 새로운 교육 생태계는 한편으로는 창의적이고 독립적인 시민이 가져야 할 종합적 지성을 성장시키는 새로운 교육의 장이면서, 동시에 다양한 주체들의 권리와 참여가 장려되고 더불어 공공적 책무성이 강조되는 심화된 민주주의 사회이기도 하다. 학생들은 학교에서 민주주의적으로 올바로 살아감으로써 미래 시민으로서의 실천과 훈련을 받게 되는 것이다.

민주주의학교는 몇몇 특권층과 엘리트들이 지성과 창의성을 독점하던 불평등한 교육을 넘어서 학교를 독립적이고 주체적인 시민들이 가져야만 하는 종합적 지성을 우리 사회의 대중들 모두가 갖출 수 있도록 학교를 획기적으로 전환하는 것이다. 또한 민주주의학교는 관료적이고 행정 통제적인 학교를 한국의 사회적 민주화와 경제적 변화에 부합하도록 본질적으로 변화시키려는 것이기도 하다. 국가 주도의 산업화 과정에서 근대화와 산업화라는 국가의 실용적 목표에 종속된 교육은 표준화된 지식의 전수와 기술 습득을 위한 기초 학력 중심의 교육이었다. 교과서로 정형화된 표준적 지식을 전달하기 위한 암기와 적용 위주의 교육이었고, 이러한 교육을 위해서 장학이라는 이름의 행정 통제로 지휘되는 학교, 즉 관료적 학교가 필요하였다.

그러나 이제 우리는 세계 제10위권의 선진국으로서, 근대적인 산업 사회의 단계를 이미 넘어섰다. 게다가 1987년의 민주 항쟁과 2017년의 촛불 항쟁을 통해 주권자 시민이 중심에 서는 올바른 민주공화국의 실현이 근본적으로 요구되고 있다. 우리 국민 모두가 독립적이고 창의적인 시민으로 새로운 민주주의 시대의 진정한 주인이 될 수 있도록 교육의 내용과 방법이 바뀌어야 한다. 그것은 학생과 교사가 주체로 나서서 시민으로서의 종합적 지성—통찰과 상상력, 기획력, 민주 시민 능력 등—을 키워나가는 창의지성교육을 전면적으로 구현해가는 일이다. 이러한 창의지성교육은 교사와 학생이 학교 공동체의 민주적 시민으로서 자리매김될 때 비로소 가능하며, 수업과 학교 문화, 그리고 학교 행정 전반에 걸쳐 민주주의가 구현될 때 꽃필 수 있다.

나아가 민주주의학교는 민주주의 심화라는 우리 시대의 과제를 교육의 장에서 구현하려는 노력이기도 하다. 촛불 혁명은 우리 사회가 민주화의 완성 단계에 도달했음을 보여준 사건이다. 촛불 혁명은 우리 나라 민주 시민의 역량을 여실히 보여준 것으로, 민주주의를 거부하는 수구 세력들이 더 이상 역사적 명분과 힘을 갖지 못한다는 사실을 보여준 시민 혁명이다. 이에 따라 촛불 혁명과 민주공화국의 시대 정신이 정치를 넘어서 최저임금의 도입, 비정규직의 정규직 전환, 재벌 기업에 대한 민주적 통제 등 경제 및 사회 영역에 이르기까지 광범위한 영향을 미치고 있다.

그러나 우리 시대 학교는 어떠한가? 몇 년에 걸친 혁신교육과 학교 민주주의 등을 통해서 상당히 많은 변화가 발생한 듯하지만, 여전히 학교는 권위주의적 관리 체제에서 크게 벗어나고 있지 못하며 종래의 교육 관행으로의 빈번한 후퇴가 나타나고 있다.

기존의 권위적이고 관료적인 한계를 넘어서 학교가 민주주의학교로 거듭날 때, 그래서 학교에서 교사와 학생들이 민주주의를 살고, 바로 그 학교가 대한민국 민주주의의 요람으로 역할할 수 있을 때 우리의 민주화는 최종적으로 완성된다. 따라서 민주주의학교는 사회 변화에 대한 수동적이고 소극적인 반응의 결과가 아니라, 대한민국의 민주주의를 심화시키고 발전시키는 데 결정적 관건이 된다. 민주주의학교는 창의지성교육을 통해 공교육의 질적 수준을 변혁하려는 교육 개혁이자, 공교육에 의지할 수밖에 없는 평범한 국민들의 자녀를 이 시대의 진정한 주인, 즉 민주적 시민으로 설 수 있도록 함으로써 우리 사회의 건강성과 공공성을 함양하려는 사회 개혁의 일환이기도 하다. 교육 공동체로서의 민주주의학교는 학생, 교사, 학부모, 직원 등의 교육 주체가 민주적 삶을 살아가는 지성 공동체이자 생활 공동체이다.

한편 민주주의학교에서 이루어질 창의지성교육은 교사의 치밀한 준비 속에서 이루어지는 민주적 교육이어야 한다. 창의지성교육을 구성하는 고전 및 명저, 문화예술 작품, 자연과 사회 등 다양한 텍스트와 읽기 및 토론 과정을 통하여 종합적 생각의 능력을 신장시키고 지성을 길러주려는 수업의 목적에서 볼 때 창의지성교육은 현대화된 교양 교육(liberal education)이기도 하다. 이 점에서 창의지성교육에서 새로운 텍스트를 읽고, 이해하고, 민주적으로 토론할 주체는 당연히 학생들이지만, 이 과정은 교사들에 의해 치밀하게 준비되고 지도되어야 한다.

생각이 살아 있는 창의적, 독립적 민주 시민을 기르기 위한 가장 첫 번째 전제는 바로 교사 스스로가 창의적이고 지성적인 시민이어야 한다는 점이다. 교사 스스로 이 시대를 살아가는 지성인으로서 철학적, 과학적으로 사유하고 실천적 삶을 영위해야 한다. 이 점에서 새 교육의 성패를 판가름할 가장 중요한 시금석은 교사들의 태도와 역량이다. 따라서 교사들은 교과서 속에 정형화된 지식을 전달하는 기능인이 아니라, 스스로의 철학적 관점에서 세계를 통찰하고 분석, 해명하는 지성인이면서, 동시에 민주 시민으로서의 사회적 정체성을 갖는 독립적인 연구자여야 한다. 곧 교사의 전문가적 정체성이라 함은, 다시 말해서 민주적, 창의적 지성인으로서의 정체성이다.

혁신교육의 성과와 한계

이러한 문제의식 아래서 필자는 2009년부터 경기교육청의 교육 개혁 작업을 설계하면서 혁신학교와 창의지성교육을 제시하였다. 혁신교육은 2009년부터 2014년까지 약 5년에 걸쳐서 경기교육에서 실천된 새로운 교육 개혁의 방향이자, 제1, 2기 민주진보 교육감들의 핵심적 정책들로 확산, 공유된 새로운 교육 방향이다. 혁신교육은 공교육의 정상화를 넘어서 미래 사회를 진취적으로 설계하고 구현하기 위한 공교육의 획기적 '혁신'을 추구하였다. 혁신교육의 핵심으로서의 창의지성교육은 그 자체가 민주적 삶을 전제로 한 민주주의의 훈련 과정이라는 점에서 민주 시민을 키워내는 것이며, 이 과정을 통하여 종합적 지성을 체화시켜서 사회적 정의를 인식, 설계하고 이를 연대와 합의 정신을 통해 구현할 수 있도록 한다. 구체적으로 혁신교육에는 혁신학교, 창의지성교육, 학교 민주주의 등 일련의 통합적 정책들이 포함된다. 이 혁신교육의 기본적 가치는 민주성, 평등성, 창의성, 공공성 등으로 요약될 수 있는데, 교육 주체들의 민주적 참여에 기초해 학교 공동체가 사회적 불평등을 완충할 보편적 교육복지 체계를 갖추고, 공교육의 창의적 혁신을 통해 보편적 시민의 종합적 지성을 강화해 사회의 건강성에 획기적으로 기여한다는 취지를 갖고 있다.

그런데 제1, 2기 민주진보 교육감이 추구해온 혁신교육에는 많은 성과에도 불구하고 혁신교육의 실천을 위한 제약이 분명히 존재했었고, 정책적 한계 역시 노정하였다. 먼저 혁신학교는 학교 문화를 변화시킴으로써 공교육 혁신의 새로운 모델을 제시하고자 했다. 그러나 몇몇 학교들을 모델 학교로 선정하는 개별적 접근으로 인하여 학교 혁신을 뒷받침할 총체적인 생태계의 확보에는 어려움을 겪었다. 무엇보다 혁신학교는 초중고가 연계되는 공교육 혁신의 종합적인 모델을 보여주는 데 어려움을 겪고 있다. 학교 문화의 변화를 추동할 교사의 팀워크나 학교장의 혁신적 리더십에 크게 의존함으로써 안정적으로 성과를 지속하는 데 상당히 큰 한계를 가질 수밖에 없었다.

둘째, 창의지성교육은 획기적 문제의식으로 2011년부터 경기도 교육 과정의 핵심 개념으로 정착했지만, 이를 뒷받침할 교사 역량과 학교 환경이 정비되지 못한 채 추상적 개념을 중심으로 하향식으로 정책이 운영된 한계가 있었다. 이러한 한계를 실천적으로 극복하여 가능한 모델을 창출하기 위한 것이 화성의 창의지성교육도시 사업이었으나, 2014년 이후 이 사업은 사실상 형식과 이름만 남은 상태다.

셋째, 민주주의학교의 전단계라고 할 수 있는 학교 민주주의는 2013년 창의지성교육에 합당한 학교 생태계 구축의 일환으로 적극적으로 추진되었다. 그러나 교사, 학생, 학부모의 실질적 자치와 결정 과정에의 참여를 통한 학교의 민주주의 공동체로의 대전환이라는 문제의식은 사상된 채, 대토론회와 같은 요식적인 절차로 남거나 관념적인 차원의 시민 교육 정도로만 이해되고 있다. 학교 민주주의의 핵심인 학교에서 민주주의적인 삶의 구현(living in democracy)이라는 목표는 아직도 요원한 과제로 남아 있다.

2018년 현재, 2014년 이후 4년이 지나 민주진보 교육감 제2기가 종결되어가고 있다. 이제 그간의 혁신교육의 내용을 충분히 성찰한 전제 위에서, 촛불 혁명 이후 새로운 민주공화국을 위한 시대적 소명과 4차 산업혁명이라는 미래 사회의 화두에 부합하는 새로운 교육의 지평을 열어갈 때다. 이 책은 이렇듯 2009년에 시작된 제1기 혁신교육에 대한 진지한 성찰로부터 출발하여, 새로운 라운드의 경기 혁신교육의 방향을 정초하기 위해 씌어졌다. 경기교육은 대한민국 교육 혁신의 출발점이자 메카다. 교육 혁신을 위한 경기교육의 역할과 노력이 여기서 멈출 수 없는 이유다. 이러한 점에서 전국에 확산된 2009년판 혁신교육을 넘어서 새로운 비전을 제시하기 위한 창의지성교육과 민주주의학교는 가장 핵심적인 화두가 될 수밖에 없다.

II

창의지성교육

Ⅱ. 창의지성교육*

1. 창의지성교육과 창의성

창의지성교육은 우리 시대가 요구하는 교육의 궁극적 목표인 창
의적 민주 시민 육성을 위해 고안된 새로운 교육 철학이자 실천
방향이다.[1] 다양한 지적 전통을 이해함과 동시에 문화적 소양을

* 이 글은 강충렬, 송주명(2013)의 제2부의 문제의식의 연장이며, 송주
  명(2014)을 대폭 수정 집필한 것임을 밝힌다.

[1]   미국의 대표적인 교육 철학자 누스바움(Martha Nusbaum)은 민주
주의 사회에서 요구되는 시민의 능력과 자질을 제시하고 있는데, 공동체
의식을 바탕으로 한 주체적이고 합리적인 성찰 능력으로 요약할 수 있
다. 누스바움은 이러한 덕성을 갖춘 시민을 길러내는 1차적 책임이 학교
교육에 있음을 강조한다(누스바움, 2011: 57-58). 창의지성교육이 추구
하는 민주 시민의 능력은 누스바움이 제시하는 민주적 덕성과 자질과 유

쌓고, 경험과 실천을 통해 얻어진 비판적 안목으로 사물을 바라보고 자신을 성찰하는 사유 훈련이며, 사물과 세계, 인간의 본질과 관계를 이해하는 통찰력을 키우고, 현상을 넘어선 세계를 구상할 수 있는 상상력을 길러주기 위해 교육 내용을 전반적으로 재구성하고 이에 맞춰 교육 과정을 개혁하려는 것이 창의지성교육이다.

창의지성교육은 현재 우리 교육을 둘러싸고 있는 사회 환경 및 교육 정책에 대해 본질적인 문제제기를 하는 새로운 교육 운동이자 사회 운동이라고 할 수 있는데, 일반 학부모와 학생, 그리고 교사가 가장 반기는 부분은 그동안 말만 무성했던 '창의성 교육'을 실제로 수행하려 한다는 점이다. 이런 노력은 '창의지성 교육'을 통한 행복한 배움, 본질적인 공부를 추구하는 방향으로 구체화되고 있으며, 수업의 내용을 중심으로 한 '교육 과정'의 근본적 개혁 방향을 세우고 공교육을 한 단계 선진화하여 지속 가능한 교육 개혁의 모델로서 자리를 잡아가고 있다.

우리 교육은 1990년대 중반 이후부터 교육의 핵심적 목표로 '창의성'에 주목해왔다. 그러나 교육부가 주도하여 학교 현장에

사하지만, 창의지성교육은 참된 지성을 공교육의 장에서 길러낼 수 있는 구체적인 로드맵을 제시함과 동시에 민주주의를 완성하고 미래 사회를 주도하는 핵심 능력으로 파악한다는 점에서 철학적 제안의 수준을 넘어선다.

유포되어 있는 창의성과 관련된 담론은 특정한 상투어법을 가지고 있다. 하나는 창의성을 체험 활동과 연계하는 것이고, 이를 다시 인성으로 연계하는 논리다. 이른바 '창의 체험'과 '창의·인성'론이 그것이다. 물론 이 상투어법이 그 자체로 틀렸다거나 불필요하다는 것은 아니다. 다양한 경험을 통해서 사고의 발전이 촉발되고 자극될 수 있으며, 이것이 인성의 발전으로 진행될 수 있기 때문이다. 나아가 창의 체험과 창의·인성론은 서양 철학사의 한 축인 경험주의적 지식론과 교육 방법의 일환으로서 그 적극적인 의의도 인정할 수 있다.

그러나 이 상투어법의 가장 큰 문제는 창의성의 기반이 되는 통찰력과 상상력, 그리고 이를 촉진하는 비판적인 사고 활동, 즉 지성에 주목하지 못하고 있다는 점이다. 올바른 지성 활동 즉, 역사적인 지식 전통, 그리고 현재의 과학적 성과를 적극적으로 활용하는 비판적이고 발전적인 사고 활동의 도움을 받지 않는 다양한 체험 활동 자체만으로는 창의성을 제대로 키울 수 없다. 지적 활동과는 아무런 상관없이 도입되어 시간표상에 나열된 체험 활동들은 맹목적이며, 학생들의 근본적인 지적 호기심을 키우고 창의적 사유 공간을 채우는 데는 많은 한계가 있을 수밖에 없다.

우리 사회에서 '창의성'은 올바른 철학적 기반 위에 서지 못한 채, 단지 결과적으로 '남들과 다른 독특한 사고', '파격의 사고' 정도의 피상적인 정의에 머물러왔다. 이러한 경향은 때로

'특이한 행동'을 찬양하는 상업주의적 카피문구들을 낳았고, 이 것이 도리어 창의성 담론을 왜곡하기도 했다.

그러나 '파격적이고' '특이한' 모든 행동이 다 창의적일까? 물론 결과로 나타난 창의성은 특이하고 파격적일 수 있다. 그러나 창의성은 반성적 지성의 결과로서 이미 알려진 보통 사람들의 제한된 인식을 넘어서는 '상상력'을 의미하며, 상식(혹은 기존의 지식)에 포함되지 않지만 세계의 법칙성이나 이치를 예지적으로 파악하는 과학적 직관, 다른 말로 '상상적 통찰력'을 의미한다. 이는 인류의 지적 유산이나 지혜의 자산을 충실히 활용하는 비판적 사고 활동에서 발원하여, 사회적 실천과 경험, 그리고 토론과 소통을 통해 확증, 수정, 발전해가는 광의의 지성적 활동을 통해서만 발전할 수 있다.

2. 창의지성교육이 추구하는 가치

창의지성교육은 공교육의 철학과 실천 방법을 미래지향적으로 한 차원 높게 변화, 발전시킴으로써 교육 현장에 새로운 모범을 창출하고자 하며, 다음과 같은 다섯 가지 철학적 방향을 중심으로 종합적인 교육 개혁을 추구하고 있다.

첫째, 창의지성교육은 사회적 책무성과 관련해 공공성의 가치를 추구한다. 사회의 양극화와 교육의 특권화·서열화, 그로 인한 공교육의 마비 상황을 극복하고 모든 사회 계층이 질 높은 공교육의 성과를 폭넓게 향유하고, 교육이 사회 전체의 건강성 회복에 기여할 수 있도록 해야 한다는 것이다. 이를 위해서 교육의 내용을 발전시키고 학생들이 자주적으로 행복한 배움을 실현하도록 하는 것이 무엇보다 중요하다. 즉 사회적 차별 없이 향유할 수 있는 공교육 그 자체의 질적 수준을 향상시킴으로써 우리 사회 전반의 문화 기반과 지식 기반을 튼튼히 하고, 기회의 평등을 넘어서 '가능성의 평등(the equality of possibilities)'을 추구하는 것이 중요하다. 이리하여 궁극적으로 균형 있고 다양성이 살아 있는 건강한 사회를 회복하는 데 학교가 적극적으로 기여해야 한다. 최근 들어 사회적 소외 계층의 자녀일수록 학교 교육에 적응하지 못하고, 따라서 교육 기회에서 구조적으로 소외되는 상황이 빈번하게 발생하고 있다. 창의지성교육은 우리 사회의 건강성 회복과 지식·문화 기반의 강화라는 사회적 책임성을 가장 큰 가치로 삼고, 교육의 실질적 평등(가능성의 평등)을 위해 소외 계층의 자녀들에게 교육 조건의 균등화를 보장하기 위해 노력한다.

둘째, 창의지성교육은 교육의 내용면에서 창의성의 가치를 추구한다. 물론 창의성이 교육의 궁극적 목표의 하나라는 점에서 이를 새삼 강조할 필요는 없다. 그러나 입시 위주, 서열화 교육 때문에 껍데기만 남은 한국 교육의 현주소를 볼 때, '창의성' 은 한국 교육 개혁의 기본 목표일 수밖에 없고, 아무리 강조해도 지나침이 없는 가치다. 창의지성교육은 최근 한국 및 세계 교육 계에서 가장 큰 화두가 되고 있는 창의성 교육이야말로 마비된 공교육을 회생시키고 교육의 질을 혁신할 수 있는 근본적 대안 이라고 판단한다.

셋째, 창의지성교육은 교육 목표의 성취 방법과 관련하여 역 동성의 가치, 즉 집단적·사회적 협력을 통한 역동적 발전을 추 구한다. 창의지성교육은 신자유주의의 이기적이고 경쟁적인 인 간관의 한계를 직시하고, 소수의 우월한 승자 그룹에 모든 관심 을 집중하는 왜곡된 수월성 개념을 극복하기 위해 노력한다. 배 움과 지적 활동은 사회적 지혜가 모아지는 협력적 방식을 통해 가장 잘 이루어질 수 있다. 학문적 성장을 의미하는 수월성 개념 은 다수의 학생들을 목표로 하되, 선두 그룹과 중위 그룹, 하위 그룹이 서로 발전을 자극할 수 있도록 다시 설계되어야 한다. 그 리고 이 과정에서 학생 저마다의 잠재성이 계발되도록 해야 한 다. 이러한 점에서 창의지성교육은 학문적 성장과 배움의 기준 으로 수월성 기준을 갖지만, 다수를 목표로 역동적 발전과 성장 을 추구하며, 학생들의 다양성을 계발하려 한다. 이를 달리 표현 하자면 창의지성교육은 학교 공동체 안에서 다수의 수월성, 역 동적 수월성, 다양한 수월성을 추구한다고 할 수 있다.

넷째, 창의지성교육은 학교 공동체 운영 및 학생 생활의 원리와 연관하여 민주성의 가치를 추구한다. 창의지성교육은 민주화, 저출산, 정보화라는 상황에서 탄생한 새로운 인간 유형의 학생들에게 민주주의, 사회성, 권리 인식에 대한 교육을 제공하고, 학생 스스로가 독립적이고 자립적인 주체로서 학교 생활과 배움에 참여할 수 있도록 해야 한다. 진정한 창의성은 학생들이 자기 주도적이고 자립적일 때만 발생할 수 있다. 나아가 민주주의 교육과 민주적 학교 생활은 학생들이 미래의 민주적 시민으로서, 그리고 우리 사회의 지도적 주체로서의 소양을 키우는 과정이기도 하다.

다섯째, 창의지성교육은 교육 개혁의 방향 및 인재 육성의 지향성이라는 면에서 협력과 소통의 국제적 가치를 추구한다. 한국은 점차적으로 세계와 더불어 세계 속으로 통합될 수밖에 없고, 우리 학생들은 미래의 유능한 국제적 인재로 살아가기를 요구받는다. 그러나 세계화는 다양한 국가와 경제 주체를 중심으로 불균등하고 복잡하게 진행되고 있다. 그리고 탈냉전은 복잡한 문화관계, 국가간 관계, 다양한 비국가 행위자들을 등장시켜 이제 국제관계는 평화보다는 갈등과 위험이 커지는 방향으로 전개되고 있다. 이러한 점에서 창의지성교육은 복잡하게 전개되는 국제관계의 특징을 정확히 인식하고, 그 속에서 평화와 협력을 이끌어낼 수 있는 진정한 인재를 키워야 한다. 즉 이기적인 경쟁과 암기에만 몰입하는 것이 아니라, 다른 문화와의 차이를 인정하고, 다양한 국가 및 세력들과 소통하고 협력을 이끌어내는 능력을 키우도록 가르쳐야 한다. 창의지성교육은 국제 사회에 대한 민주적 이해와 우리 사회의 다양성에 대한 천착을 통해 공존과 협력, 소통의 국제적 소양을 갖는 인재를 육성하고자 한다.

3. 창의지성교육의 방향

창의지성교육이란 공교육의 궁극적 목표인 '창의성'을 '지성(知性)'적 방법을 통해 함양하는 것을 의미한다. '지성'은 인류 사회의 다양한 지식 체계, 지적 전통, 문화적 소양, 다양한 경험과 실천 등을 바탕으로 비판적, 반성적, 성찰적인 사고 활동을 통해 통찰력을 내포한 상상력을 형성하는 것이다. 이를 위해 교육 내용을 전반적으로 재구성하고, 교육 과정을 변화시키는 것이 창의지성교육이다.

창의지성교육의 방향은 다음과 같이 요약할 수 있다. 창의지성교육은 감성과 이성이 조화된 지성 교육을 통해 달성된다. 이러한 창의지성교육은 우선 자존감을 길러주고 행복을 느끼며 서로와 소통하는 교육을 지향한다. 이러한 교육은 학생의 수준에 맞는 감성과 그 발달 욕구를 실현하는 교육이기도 하다. 단편적, 암기식, 성과 위주의 교육 대신에 사고능력을 길러주는 창의지성교육은 학생의 동기, 활동, 학생 간, 학생-교사 간의 소통으로 학생이 매일 체험하는 각각의 교육적 경험을 완성하고 자기 힘으로 생각할 수 있는 힘을 길러준다. 인문학적 상상력과 예술에 대한 감수성을 길러줌으로써 타인의 삶을 상상하고 타인의 상황에 공감하는 능력을 극대화하는 교육이며, 창의지성교육의 예술 교육은 타인의 시선으로 세계를 바라보는 능력을 키워주고자 한다. 또한, 생명과 평화에 대한 감수성을 훈련함으로써 다른 사람, 다른 생명체의 관점에서 세계를 보는 능력을 함양한다.

창의지성교육이 지향하는 창의성은 학생들의 상상력이 전개되는 과정이자 결과이다. 창의성은 "세계와 사회 변화의 보편적 이치를 앞서서 인지하되, 그것에 구속되지 않는 구성적 정신 작용"으로 정의할 수 있다. 이러한 점에서 창의성은 보편성에 기초한 비판적 사고력으로 재정의할 수 있다. 창의성은 경험만이 아니라, 근본적으로 비판적 사유 활동에 의해 크게 규정된다는 사실을 염두에 둘 필요가 있다.

또한 창의지성교육은 미래 지향적이고 발전적인 체계다. 그리고 교육 패러다임의 분명한 전환을 통해 새로운 교육의 면모를 구현해내야 한다. 그만큼 창의지성교육은 '현재진행형'이기도 하다. 결국 창의지성교육의 심화된 설계를 위해, 보다 체계적으로 점검되어야 할 몇 가지 지점이 존재한다. 창의지성교육이 추구할 인재상은 무엇이며, 이를 위한 교육 내용은 무엇인가, 새 교육을 가장 잘 뒷받침할 수 있는 새로운 학교 문화는 무엇인가,

그리고 이 속에서 교육의 가장 중요한 주체인 교사는 어떠해야 하는가 하는 점이다.

4. 창의지성교육의 인재상: '생각의 힘'을 가진 독립적 민주 시민

창의지성교육은 창의적이면서도 세계적 보편성을 지향하는 민주 시민을 육성하는 것이 목적이다. 그리고 그 민주 시민에게 반드시 필요한 역량으로서 지성, 인성, 감성이 통합되는 인문학적인 '생각의 힘'을 강조한다. 여기서는 창의지성교육의 인재상인 '창의적, 독립적 민주 시민'이 무엇을 의미하는지 조금 더 명확히 짚어보고자 한다.

원래 오늘날 우리가 상식적으로 받아들이는 '민주주의(democracy, Demokratia)'는 고대 그리스에서 '인민의 통치', '시민의 권력'이라는 의미로 시작되었다. 따라서 민주주의에서 '시민'이란 공동체의 방향을 스스로 결정하여 사회의 제반 자원을 공동체에 이롭게 사용할 수 있도록 통제하는 힘을 갖고 있는 사람들이었다. 따라서 고대 그리스·로마의 시민 교육, 즉 교양 교육은 바로 이들 시민들이 실질적 통치 능력을 갖도록 해주는 것이었고, 그 핵심이 당시에는 '이성(理性)'으로 표현되었지만, 달리 표현하면 '생각의 힘'을 길러주는 것이었다. 즉 생각의 힘이란 시민을 시민답게 하는 가장 중심적인 요소로서, 자립적으로 결정하고, 사회적 관계와 자원을 인간을 위해 통제하고 재구성할 수 있도록 하는 '지성'의 힘이다. 물론 이 지성의 힘은 인문학, 예술, 체육 등의 어우러짐 속에서 형성되는 것이었다. 따라서 생각의 힘이란 자기 자신, 사회, 자연에 대해 통제력, 즉 일종의 통치력(統治力)을 주는 것이었고, 그만큼 한 사람 한 사람의 시민이 세계와 사회에 대해 '권력(power)'을 실질적으로 행사할 수 있도록 해주는 핵심 요소였다. 그러나 고대 사회의 시민은 지극히 소수의 지배 계급일 뿐이었다.[2]

근대 자본주의 사회에 이르러 상황은 크게 변화한다. 정치적 시민권은 민중까지 포함되는 전체 국민에게 확대되었지만, 노동자들을 포함한 일반 국민들이 실질적 통치 능력을 갖도록 하는 '생각키우기' 교육은 주어지지 않았다. 민중들에게 주어진 근대적인 국민 교육은 읽기, 쓰기, 셈하기로 상징되는 기초 교육에 초점이 맞추어졌고, 이것은 주로 산업 인력, 즉 노동력을 육성하기 위한 공교육으로 이어졌다. 주로 초·중등 공교육은 근대적 산업 활동에 필요한 기초 및 응용 지식의 전이에 중심이 두어졌다. 이때부터 공교육이 지향하는 실질적 인재상과 지식의 구조

---

2   허친스, 1981b, 제1장.

가 조형되었는데, 일정한 역량을 갖춘 노동력의 육성과 이를 뒷받침할 수 있는 표준화된 지식이 근대 교육 패러다임으로 자리잡게 된 것이다.[3] 이러한 근대형 지식 교육은 19세기 후반과 20세기 초반의 신교육 운동으로부터의 거센 비판에 직면한다.

한편, 근대 자본주의 시기의 생각키우기 교육은 자본주의 엘리트 교육, 특권 교육으로 특화되는 경향을 보여준다. 즉 근대 자본주의 아래서 다수의 국민에게는 노동력의 육성을 위한 표준화된 공교육이 주어진 반면, 시민 교육, 즉 정치적, 사회적 통치력과 자기 결정 능력을 함양하는 생각키우기 교육은 점차 공교육으로부터 배제되기 시작한다. 여기에서 근대 교육의 이원화가 진행되고, 시민 계층에서도 다수의 노동자와 소수 엘리트 '시민'이라는 이원적 구별이 이루어졌다. 이 근대 교육 패러다임은 자본주의의 진화(테일러리즘, 포디즘, 포스트포디즘 등)에 조응하여 시스템상의 진화를 해왔다. 식민지를 거친 신흥 근대화 국가들에게 이러한 근대 교육 패러다임은 압축적인 형태로 도입되었다. 한국 교육의 커다란 틀도 이러한 근대 공교육의 패러다임의 틀을 공유하였다.[4]

오늘날 현대 사회는 포스트포디즘의 신자유주의적 자본주의 혹은 후기자본주의라고 할 수 있다. 자본의 세계적 활동과 더

---

3 조경원외 제7, 8장; 넬러, 1990, 제8장; 허친스, 1995, 제1장.

4 허친스, 1981a, 제3장.

불어 인간의 삶의 공간도 세계적으로 확대되고 있다. 한편 현대 사회가 갖고 있는 물질적 잠재력은 극대화되었지만, 거꾸로 사회는 양극화되고, 인간은 소집단 혹은 개체적으로 원자화·분절화되어, 자본력에 의한 소외(alienation) 상황에 직면하고 있다. 인간의 삶을 개선할 수 있는 잠재력은 크게 증가했지만, 역설적으로 그만큼 인간의 주체적 삶의 역량, 그리고 현대 사회 및 정치 등에 대한 통제력은 약화되고 있다. 현대 사회는 거의 모든 사람이 거대한 자본 활동의 톱니바퀴가 될 것을 요구받고 있다. 현대 사회의 이러한 인간 소외 상황은 새로운 교육을 요구한다. 이러한 상황은 현대 사회의 구성원, 즉 세계 속의 시민들이 객관적 세계와 자신의 삶을 자립적으로 설계하고 통제하는 힘, 즉 통치 능력을 회복했을 때 극복될 수 있다. 이 자립적 통치 능력은 오늘날 노동자계급을 포함하는 평민들이, 현대 물질 사회의 톱니바퀴로 종속되지 않고 생각의 힘을 회복하고 시민다운 시민이 되어야 발휘될 수 있다. 결국 올바른 '시민 사회'를 재구축함으로써 오늘날의 핵심적 문제들을 해결하고, 현대 사회의 경제적 잠재력을 인간을 위해 활용하도록 하는 것이 중요하다. 이를 위해 가장 중요한 일은 현대의 보편적 공교육을 '생각의 힘'을 갖는 공공적 시민을 육성하도록 재설계하는 것이다.[5]

이 공공적 시민은 '통찰적 상상력'을 기반으로 자신, 사회, 세

---

5 허친스, 1981b, 제2장, 제3장.

계에 대해 '기획 능력'을 갖추고, 역사와 사회에 '책임 의식'을 갖는 민주적 시민이다. 이 공공적 시민은 스스로의 사회적 '계층성'에 사로잡히지 않고 본질적·구조적으로 사고하며, 스스로 자립적인 개인이지만 공동체와 인간의 공공성, 혹은 공공의 복리를 추구하는 협력적인 개인들이다. 따라서 현대 사회가 요구하는 새로운 시민은 다양한 사고의 결을 통합적으로 구성함으로써 얻어지는 생각의 힘을 가져야 한다. 이 생각의 힘은 흔히 지성, 감성, 인성의 통합으로 이야기될 수도 있는데, 통찰력, 상상력, 이성, 고차 사고와 경험적·실험적 사고, 문화예술적 감성, 실천적 사고, 공감적 사고 등의 다양한 생각의 결을 융합·통합함으로써만 형성될 수 있다. 각기 독특한 자기 사고의 구조를 갖지만, 이 융합적·통합적 사고는 자신만의 사고를 형성한다는 점에서 '비판적 사고'라고도 할 수 있다. 통찰적 상상력, 기획력, 역사적, 사회적 책임 의식 등의 민주적 시민의 비전을 충족하도록 해준다. 한편 이 시대의 '창의적, 독립적 민주 시민'은 세계적으로 통합된 현대 사회를 보다 주체적으로 살아야 한다는 점에서, 편협한 민족주의를 넘어서 세계적 보편성을 추구하고, 인류와 인간 가치를 중심으로 한 세계적 시민들의 연대 협력을 추구해야 한다. 따라서 창의지성교육은 세계 인류, 인간의 보편적인 가치를 추구하는 '창의적, 독립적 민주 시민'이라는 인재상을 추구한다.

5. 창의지성교육의 교육 내용

새로운 교육 패러다임으로서 창의지성교육은 근본적으로 새로운 교육 내용을 추구하지 않으면 안된다. 새로운 세계의 주역으로서 학생들을 생각과 삶의 힘, 즉 통찰력, 기획력, 역사 의식과 사회적 책임 의식을 갖춘 세계 민주 시민으로 성장시키도록 학교 교육을 진취적으로 재설계해야 한다. 이를 위해 창의지성교육은 새로운 교육의 슬로건뿐만 아니라, 교육 과정, 수업, 평가에 이르기까지 전 과정에 걸쳐 인문학적 교육 내용으로의 혁신을 추구한다.

먼저 대한민국의 국가 교육 과정은 그 나름의 역사적 진화의 도정에 있고, 1990년대 중반 이후에 '창의성' 담론의 도입과 더불어 소위 '전인 교육적 요소'가 목표면에서 많이 부각되고 있으며, 국가 교육 과정 내에서 교육 목표상의 세분화와 다양화가 추구되고 있는 것도 사실이다. 그러나 국가 교육 과정은 명시적으로 자립적인 시민의 육성을 지향하기보다는 앞서 살펴본 근대 교육 패러다임 위에서 인력 육성, 정확히는 인력이 갖추어야 할 기능을 강화하는 데 초점을 맞추어왔다. 따라서 보다 분명하게 생각이 살아 있는 창의적, 독립적 민주 시민 육성이라는 과제를 추구하려면, 그에 걸맞게 국가 교육 과정을 재구성해야 한다.

생각이 살아 있는 창의적, 독립적 민주 시민을 육성하는 것은 그에 발맞추어 근본적인 지식관의 변화 또한 요구한다. 교과서에 요약된 암기형 지식과 이를 표준으로 한 정답 찾기 교육으로는 더 이상 생각이 살아 있는 교육을 할 수 없으며, 자립적인 민주 시민을 육성할 수도 없다. 학생들에게 정해진 지식을 암기하도록 하기보다도 철학, 논리, 스토리, 맥락, 의미, 역사, 문화 등이 살아 있는 다양한 학습의 텍스트를 접하게 함으로써, 자신만의 융합적·통합적 사고력을 형성하도록 하는 것이 필요하다. 사고력의 기초가 되는 '생각의 씨앗들'이 교육 과정에서 잘 발현하도록 하여 창의적, 독립적 민주 시민이 갖추어야 할 통찰적 상상력, 기획력, 역사 의식과 사회적 책무성에 기반한 민주적 자질 등을 키울 수 있도록 해야 한다.[6] 이를 위해 국가 교육 과정을 학교 단위에서 재구성해야 하는데, 과다한 교수 항목은 취사선택, 집약하고, 창의지성교육에 필수적인 교수 항목은 확대, 강조해야 하고 필요할 경우에 과감하게 추가해야 한다. 그리고 이렇듯 재구성된 교육 과정은 명확히 수업의 목표, 내용, 방법의 변화로 연결되어야 한다.[7]

한편 창의적, 독립적 민주 시민을 육성하기 위한 창의지성교육은 새로운 수업 속에서 그 진면목이 입증되어야 한다. 새로운 수업은 교과서에 정리된 지식을 효율적, 효과적으로 전달하는 것, 즉 배우는 것에 머물지 않는다. 수업은 창의적, 독립적 민주

---

6   송주명 2012, 2013.

7   이수광, 2013.

시민이 가져야 할 통찰력과 상상력, 기획력, 민주 시민 자질 등의 종합적 생각 능력을 키우도록 설계되어야 한다. 이러한 점에서 수업은 학생들이 독서, 감상, 체험(실험), 실천(노작)에 근거하여 생각을 성장시키는 데 중점을 두어야 하고, 이 생각이 근거 있는 것이 되도록 하기 위해 살아 있는 지식과 논리가 체계적으로 원용될 수 있도록 해야 한다.

나아가 학생들은 다양한 표현을 통해, 스스로의 생각을 정리하고 다른 학생들과 이를 공유하도록 함으로써 민주적 토론 수업의 장으로 인도되어야 한다. 민주적 토론 수업을 통해서 학생들은 다양한 방식으로 의견을 교환하고, 논쟁할 수 있으며, 보다 높은 생각의 지형으로 나아갈 수 있다.

이렇듯 창의지성교육이 지향해야 할 새로운 수업은 지식이 전이 되는 장이 아니라, 개별 지성과 집단 지성이라는 두 가지 경로를 통해서 새로운 지식이 객관적으로 근거지워지면서 재구성, 창조되는 장이라고 할 수 있다.[8] 특히 수업은 민주적 룰에 따라 조직되어야 하는데, 이를 통해 학생들은 하고 있는 공부와 민주적 삶을 연계할 수 있고, 자신의 학업 성취를 학급 공동체의 여타 구성원과의 관계 속에서 이해할 수 있다. 그리고 새로운 수업을 통해 자신의 공부가 일련의 역사적, 문화적 지식 기반 위에서 이루어짐을 자각할 것이다. 결국 학생들은 수업을 통해서 '민

---

8   브루너, 2005, 제7장.

주주의를 살고(live in democracy)', 역사 의식과 사회적 책임 의식 또한 체현할 수 있다.

이처럼 융합적이고 통합적인 생각을 키우기 위해서 교육 과정을 재구성하고, 수업을 근본적으로 재조직해야 한다면, 이 과정은 평가의 혁신으로 완성되어야 한다. 평가의 혁신 없이 교육 내용의 변화를 기대할 수는 없기 때문이다. 오늘날 평가를 둘러싸고 새로운 시도들이 많이 이루어지고 있다. 그런데 창의지성교육이 교육 패러다임의 근본적인 전환을 추구하면서 생각키우기에 초점을 맞춘다고 했을 때, 평가의 대상도 바로 그 '생각'이 될 수밖에 없다. 그리고 그 생각이 형성되는 과정적 측면을 중시해야 한다. 이러한 점에서 평가는 3중의 구조를 가져야 한다.

첫째, 주관식 논술 평가다. 이 평가는 학습의 결과 형성된 학생들의 사고를 평가하는 것으로, 그들의 문제설정 능력, 이를 처리하는 분석력과 논리력, 상상력, 그리고 이 결과로 얻어지는 결론의 객관성과 독창성 등에 대해 총체적으로 평가하는 것이다.

둘째, 객관식 지식 평가다. 이는 어느 특정 과정에 필요한 논리 전개에 필수적인 지식의 습득, 정리 여부를 평가하는 것이다.

셋째, 과정에 대한 평가로서 수행 평가다. 특히 토론 수업에서 민주적인 역할의 정도, 토론 자세, 그리고 탐구, 체험(실험), 프로젝트 과정에서 역할의 수행 정도 등을 평가해야 한다. 이러한 과정 평가는 학습 과정에 대한 평가이기도 하지만, 학습 과정의 이면에 존재하는 학생들의 민주적, 사회적 태도 형성에 대한

평가이기도 하다.[9]

6. 창의지성교육의 텍스트

창의지성교육은 훌륭한 지식 텍스트를 전제로 아이들의 비판적 사고, 즉 자신의 생각을 키우는 교육 방법이다. 창의지성교육의 텍스트는 각기 다른 생각의 요소들을 지니고 있는 살아 있는 지식과 예술의 텍스트들과 실천이다. 지성 교육은 4개의 텍스트를 전제로 한다. 즉, 1) 동서고금의 명저(名著) 2) 문화예술 작품 3) 체험과 실험 4) 사회적 실천과 노작이라는 살아 있는 지식 텍스트들이다. 이들 요소들의 분석과 감상, 비판적 통합의 과정을 통하여 학생들은 자기의 사고를 키워낼 수 있다.

첫째, 동서고금의 명저는 통찰적 상상력, 이성, 논리적, 분석적 사고, 고차 사고, 문학적 상상력 등의 요소를 제공하고,[10] 둘째, 문화예술 작품은 문화적, 예술적 감수성 및 영감, 그리고 역사, 인간, 사회, 문화, 철학, 종교 등에 대한 종합적 사고의 기반

---

9   강충렬, 송주명 외, 2013; 214-216.

10   허친스, 1995.

을 강화해줄 수 있다. 셋째, 체험과 실험은 근대 과학적 사고와 다양한 감성적 사고의 계기를 부여해 주고,[11] 넷째, 사회적 실천과 노작은 지행합일의 주체적 사고와 세계 창조자로서의 자기정체성, 그리고 평화와 민주적, 사회적 사고의 기반을 강화해준다.

1) 동서고금의 명저

(1) 통찰적 상상력, 이성, 고차 사고의 다양한 계기들이 내포되어 있다. 예컨대 철학, 수학, 논리학, 미학, 예술사, 역사, 과학사, 과학철학 등에는 총체적 사고를 진전시키는 다양하고 다층적인 계기들이 존재한다. 흔히 오감 혹은 근대적 과학 방법론에 직접 의존하지 않더라도, 객관적 세계의 부분과 전체에 대한 통찰과 상상을 열어주는 단초를 제공한다. 그리고 논리적, 체계적 사고의 다양한 계기들도 존재한다.

(2) 과학적 관찰의 기록이나 실험에 대한 기술을 포함하고 있는 사회과학, 심리학, 자연과학 등의 연구서는 근대 과학적 방법론의 기본이 되는 경험과 실험적 사고, 즉 부단한 탐구력을 뒷받침하는 다양한 사고의 계기를 제공해준다.

(3) 문학 작품과 미술사, 예술사, 다양한 문화문명사와 관련된

11　듀이, 1995, 제2, 3장; 듀이, 2007, 제11, 12장.

저술들은 다양한 예술적 감성과 영감의 계기를 제공할 수 있다.

2) 문화예술 작품

(1) 심미적 영감, 예술적 심미안을 키우고, 감성적 사고를 자극하는 다양한 계기들이 존재한다. 문화예술 작품을 통해 학생들은 예술가들의 다양한 미적 세계에 접할 수 있다.

(2) 비판적 사고력을 증진시키고, 인간, 문화, 문학, 역사, 철학, 신화, 종교 등에 대한 다양하고 아주 풍부한 사고의 계기들이 포함된다.

(3) 문화예술 작품의 분석적 접근을 통해, 근대 과학적인 탐구력과 체험 기반을 강화할 수도 있다.

지성교육은 단지 협소한 지식 영역에만 머무르는 것이 아니라 동서고금의 명작, 즉 문화적 소양 영역으로 보다 확대할 필요가 있다. 지성교육의 목적이 창의성을 키우는 데 있음을 상기한다면, 문화적 소양의 교육적 가치를 이해할 수 있을 것이다.

학생들은 다양한 예술 작품과 조우하여 이를 체계적으로 감상하고, 이것을 기초로 새롭게 자기를 표현하는 창조적 작업을 수행할 수 있다. 이를 통해 예술적 감수성을 고양하고, 비판적으로 문화를 수용할 수 있게 될 것이다. 또한 학생들은 자신에게 내재된 다양한 잠재력을 발견하고 이를 잘 길러낼 수 있다. 동서 고금의 명작으로 확대된 지성교육은 다양한 수월성 교육을 위한 방안이기도 하다.

3) 경험과 체험

다양한 지적 내용을 텍스트로 한 지성교육은 경험 및 체험 활동 과 결합됨으로써 보다 현실적이고 풍부한 내용을 획득할 수 있 다. 의미와 맥락이 충분히 고려된 체험 활동은 학생들의 추상적 사고 능력을 발전시키는 데 기여할 수 있으며, 배우는 교육 내용 을 자신의 삶과 연관시켜 받아들일 수 있도록 한다.

잘 계획된 지성교육 안에서 직접적 실험과 사회적 경험, 그 리고 박물관 견학 등과 같은 직·간접적 체험들이 유기적으로 결 합될 때 비로소 창의지성교육은 커다란 의미를 발휘하게 될 것 이다. 다양한 차원과 쟁점 영역들에서의 체험 활동과 사회적 실 천, 실험이 의미와 맥락을 고려하여 적절히 배치되어야 한다. 또 한 자연사, 인류사, 지식사, 지성사를 간접 경험으로 다양하게 접촉할 수 있는 박물관, 문화관, 과학관 등의 역할 또한 아주 중 요하게 취급되어야 한다. 이를 위해서는 경험과 체험이 단지 경 험을 위한 체험 활동이라든지, 의미와 결합되지 않은 이벤트성 행사에 그쳐서는 안 될 것이다. 경험과 체험은 종합적인 학습 설계 안에서 올바로 배치될 때, 그 교육적 의의가 배가될 수 있다.

체험과 실험을 통해서

(1) 근대 과학적 사고 방법론인 경험적, 실험적 사고의 정수를 배울 수 있다.

(2) 생태, 자연에 대한 접근을 통해 자연 세계에 대한 감성적 접근 능력을 키울 수 있다.

(3) 체계적, 분석적 사고를 통해 이성적, 논리적 사고의 개발에 초석을 제공할 수 있다.

4) 사회적 실천

학생들은 다양한 지식 및 예술 교육, 체험 교육을 통하여, 궁극적으로 그 자신이 사회적 존재이며 사회 속에서 성장하고 미래 사회를 책임져야 한다는 것을 자각해갈 필요가 있다. 학생들의 비판적 지성 활동은 사회적이고 집단적인 성찰과 소통을 통해 한 차원 더 고양될 수 있다. 이를 위해 학교 생활은 사회 생활의 다양한 측면과 접촉할 수 있는 기회를 제공해야 한다. 이는 배움이 교과서와 교실에만 머무르지 않음을 의미한다. 학생들은 배운 내용을 봉사, 인턴쉽, 시민 활동 등의 다양한 사회적 실천으로 연결해야 한다. 또한 토론을 통해 비판적 지성을 보다 더 풍부하고 종합적으로 재구성할 수 있다. 자신 및 자신을 둘러싼 사회적 상황에 대한 진지한 성찰을 포함하고, 사회 속에서 스스로의 권리와 책임에 대한 올바른 인식을 가질 수 있도록 해줄 것이다. 이 과정에서 타인에 대한 배려와 존중, 평화 감수성을 기를 수 있다. 무엇보다 사회 속에서 자신의 책무성에 대한 심화된 인식을 통해 성숙된 민주 시민으로 성장할 수 있다. 창의지성교육은 윤리적, 도덕적 '인성 교육'을 성찰과 소통, 협력을 통한 '공동체적 시민성 교육', 즉 진지한 민주 시민 교육으로 발전시킨다.

사회적 실천과 노작을 통해서

(1) 지행합일의 실천적(생활적) 사고의 계기를 키우고, 앎과 삶의 일치 속에서 자기 사고의 '진실(진리)성'을 확인할 수 있다.

(2) 세계와 사회에 대한 합목적적, 발전적 창조 활동 혹은 혁신 활동을 통해서 독립적 개인으로서의 능동적 위상을 확인하도록 해준다.

(3) 공동체 속의 자신의 적극적 존재감과 정체성을 확인할 수 있도록 해준다.

요약하면 창의지성교육의 기본적 텍스트는 인류 역사의 문화적, 정신적 자산과 학생들의 살아 있는 삶과 체험이라고 압축할 수 있다. 그러나 이 텍스트들은 학생들이 이를 기초로 스스로의 생각을 키우고, 지적 재구성을 통해 의미가 부여되어야만 살아 있는 배움의 원천이 될 수 있다. 또한 이 텍스트들은 개별적 분석력에서 통찰력, 이성적 감성적 사고를 바탕으로 실천적 사유에 도달할 수 있도록 구성된 최적의 텍스트들로서, 텍스트의 구성 자체가 고전 및 명저의 읽기에서 출발하여 사회적 실천에 이르게 하는 유기적 과정으로 이루어져 있다. 각각의 텍스트는 앞서 언급한 사고력의 요소들과 연관된 다양한 사고 요소들의 각 측면을 강조하고 있으나, 넓은 의미에서 읽기에서 시작하여 실천에 이르는 일련의 과정이 중첩되고 상호 작용하고 있다는 점에서 유기적으로 연계되어 있는 텍스트다.

네 가지 텍스트가 잉태하고 있는 다양한 생각의 씨앗들을 일정한 교육 목적과 연계하여 필요한 수업을 설계할 수 있다. 특히 독서와 문화예술 작품 감상을 통해서, 세계와 인간, 그리고 사회에 대한 통찰과 직관, 그리고 스스로가 직접 경험하지 못한 세계에 대한 다양한 상상적 구상의 힘을 펼칠 수 있다.

7. 창의지성교육과 교사

새로운 교육 패러다임에 기반한 창의지성교육이 실현되려면 그 실천가인 교사들이 이를 신뢰하고 실행해야 한다. 생각이 살아 있는 창의적, 독립적 민주 시민을 기르려면 교사 스스로가 동시에 창의적인 민주 시민이 되어야 한다. 그리고 그들 스스로 이 시대를 살아가는 지성인으로서 철학적, 과학적으로 사유하고 실천적 삶을 영위해야 한다. 이 점에서 새 교육의 성패를 판가름할 가장 중요한 시금석은 교사들의 태도와 역량이다. 따라서 이제 교사들은 교과서에 정형화된 지식을 전달하는 기능적 존재가 아니라, 스스로의 철학적 관점에서 세계를 통찰하고 연구하는 지성적 존재, 즉 독립적인 연구자로 대접받고 인정받아야 한다.

이와 연관하여 가장 먼저 해야 할 일은 현직 교사들이 교육과정을 재구성하고, 새로운 수업을 구현할 수 있는 주체적 역량을 갖도록 지원하는 것이다. 경기교육에서 이를 의식해 추진한 것이 소위 '새 교사 연수 프로그램(NTTP)'이었다. 여기에는 자체 연수, 연구년제, 연구회 운영 등을 패키지로 하여 새로운 교육 패러다임을 집단적, 개인적으로 연구하고 실천하도록 하는 프로그램이 포함되었다. 그리고 신규 교사 임용, 정교사 승진 연수 등에서 창의지성교육 등의 새로운 교육 내용을 필수 이수하도록 하였다. 나아가 혁신학교 아카데미—혁신학교 직무 연수, 리더 과정, 전문가 과정 등—에서도 새 교육 패러다임으로서 창의지성교육에 대한 이론적, 실천적 접근을 필수로 포함시켰다. 그 결과 다양한 경로를 통해 교사 집단들이 새로운 교육 패러다임의 필요성을 인지하고, 독자적인 연구와 실천으로 나아갔다.[12]

---

12   강충렬, 송주명 외, 230-236.

그러나 이러한 성과들에도 불구하고, 연수 프로그램의 운영만으로는 새로운 교육 실천을 위한 교사의 주체적 성장이 단기간에 이루어질 수 없다. 이는 기존 연수 교육 전문 조직의 한계에서도 기인하는데, 연수 기관들이 새 교육을 정확히 이해하고 필수적인 프로그램을 효과적으로 배치할 수 없었기 때문이다. 나아가 연수를 통해 다양한 수업 기법을 체득하고 문화적 변화를 할 수는 있었지만, 연구자로서 교사들의 지성적 기반을 새로 강화하는 것은 중장기적 과제로 남을 수밖에 없었다. 이렇듯 교사 연수를 통한 새 교사의 형성은 상당한 시간을 요구하며 불균등한 결과를 보여준다. 따라서 중요한 것은 집중 연수를 통해 형성된 창의지성교육의 교사들을 조직화(네트워크)하고, 그들이 학교 일선에서 선도적인 역할을 할 수 있도록 인사상의 배려를 하는 것도 중요하다. 가령 창의지성교육의 교사들이 관리자로 성장하는 경로를 과감히 개방하고, '수석 교사'로서 그들이 학교 일선의 교육의 질을 개선하는 데 앞장 설 수 있도록 해야 한다.

한편 창의지성교육을 자연스럽게 실천할 수 있는 교사들을 확보하는 것은 교사 양성 기관 —사범대학과 교육대학 등— 과의 직접적인 협력을 통해서만 가능해진다. 즉 교원 양성 기관의 교육 과정이 새로운 교육 패러다임을 적극적으로 수용하도록 하여, 미래의 교사들이 새 교육의 상을 정확히 이해하고 스스로 새 교육을 준비하도록 해야 한다. 예를 들어 제한된 범위의 협력이었지만, 혁신학교 및 혁신교육을 둘러싼 경기도교육청과 한국교원대학교, 아주대학교, 경인교육대학교 사이의 협력은 좋은 사례였다. 나아가 창의지성교육이라는 새 교육을 실천할 교사를 확보하기 위해 또 다른 실천고리가 필요하다. 그것은 교원 임용고사의 평가 기준을 변경하는 것이다. 즉 현재 교육부에 '위탁'하고 있는 교육 자치체의 교사 임용 평가권을 다시 '환수'하여 독자적인 기준으로 교사를 충원해야 한다. 교육청 주관의 임용고사를 통해 창의지성교육에 합당한 사고력과 실천력을 갖춘 인재들을 우선 등용해야 한다. 이렇듯 새 교육에 합당한 선발 기준이 적용된다면, 교원 양성 기관의 교육 과정도 추세에 맞추어 변화할 수밖에 없을 것이다.

창의지성교육에 필요한 교원의 역량 개선은 그 중요성만큼이나 시간과 정성을 요구한다. 그것은 인간의 문제이고, 더 나아가 인간의 주체적 선택의 문제이기 때문이다. 조건이 주어졌다고 갑자기 필요한 교원이 형성되는 것은 아니다. 따라서 창의지성교육의 취지와 방향성, 그리고 교육청과 교사가 실천해야 할 사항에 대해 명확히 설명하고, 교사 한 사람 한 사람이 이를 충분히 납득하여 스스로 변화하도록 설득해야 한다. 그리고 그렇게 얻어진 인재들이 핵심적 역할을 할 수 있도록 지원해야 한다.

III

창의지성교육과 '통합적 생각'

Ⅲ. 창의지성교육과 '통합적 생각'*

1. 주권자 시민과 민주주의를 향한 '생각 교육'

한국의 공교육은 식민지 경험과 압축적 근대화를 위한 현대 교육 체계의 도입으로 교육의 목표가 식민지 신민 혹은 근대적 노동력의 육성을 위한 기초 지식의 교육을 강조해왔다는 역사적 배경을 갖고 있다. 여기서 '지식 교육'이란 실용 영역에 필요한 단순화, 구조화된 정보 지식의 전이를 핵심으로 하고 있고, 이 정보 지식의 암기 및 응용 능력이라고 할 수 있다. 이러한 정보 지식은 대체로 교과서라는 표준화된 '지식 요약집' 속에 정리되게 되고, 이로부터 다양한 참고서와 문제집 등이 만들어지게 된

* 이 장에서 다룬 내용은 2017년 대한민국 교육부와 한국연구재단의 지원을 받아 수행된 연구(NRF-2017S1A3A2066659)의 성과임을 밝힌다.

다. 이렇게 암기된 정보 지식의 양과 그에 기초한 문제풀이 능력이 곧 대학 입시의 성적으로 나타난다. 그 점수가 이른바 좋은 대학에 들어갈 수 있는 자격이며, 한 사람 한 사람의 '사회적 지위'까지 결정해온 것이 사실이다.

물론 한국에서도 2000년대 중반 이후에 교육 개혁의 흐름들과 특히 2009년 이후에 본격화된 혁신교육의 새로운 파고 속에서 상당히 많은 변화가 진행되고 있다. 2000년대 창의성 담론의 등장은 이러한 변화에 커다란 계기가 되었다. 창의성 담론은, 존 듀이(John Dewey)의 말처럼 종래의 지식 교육에 다양성과 경험적 동기를 부여함으로써 이를 활성화하려는 것이다. 경험과 흥미를 통해서 지식 교육에 생동감을 불어넣을 수 있다는 것으로, 창의성 담론은 교과서에 따르는 표준적 정보 지식을 창의적으로 전달하기 위한 방법면에서의 고민—듀이의 표현으로 '심리화'—이었다고 할 것이다.

그러나 우리는 이미 이러한 표준화된 지식, 그리고 그것의 암기만으로는 주체적으로 살아가기 힘든 시대에 들어서 있다. 우리는 2016년과 17년 촛불 항쟁을 경험하였다. 이 사건은 우리 국민 한 사람 한 사람이 이 민주공화국의 주인임을 확인하고 이를 선언한 사건이다. '촛불 시대', 즉 시민이 주인으로 살아가야 하는 시대로 대한민국이 접어든 것이다. 다른 하나의 계기는 소위 '4차 산업혁명'이다. 인공지능과 사물인터넷의 초연결 사회, 로봇기술 등 디지털 과학기술에 기초한 새로운 사회가 성큼성큼

다가오고 있다. 이러한 사회는 인간지능의 의미와 인간 노동의 모습을 크게 변화시킬 것이다. 이 시대에 필요한 사람은 주어진 국가 목표에 충순하게 잘 따르는 신민도 아니요, 주어진 노동 공간 속에서 주어진 임무를 슬기롭게 잘 대처하는 노동 기능인(역량인)도 아닐 것이다. 이 시대는 민주공화국의 주인으로서 4차 산업혁명을 인간에 이롭게 이끌고 갈 지혜롭고 창의적이며 민주적인 시민을 요구한다. 그러한 시민은 지성을 갖추고 이를 통해 세계를 인식하고, 자연과 사회를 새롭게 기획, 설계하며, 민주적으로 연대하는 삶을 살아가는 주체적이고 독립적인 개인이다. 이 지성은 독립적 시민이 가져야 할 인식, 기획, 실천 능력을 포괄하는 종합적인 것이다. 그만큼 지성, 즉 생각은 단편적이지 않고 통합적이다.

그래서 창의지성교육은 총체적이며, 부단히 진리를 향해 도전해갈 수 있는 살아 있는 지식을 필요로 한다. 교과서에 앙상하게 요약된 정보 지식은 주입과 암기를 위한 죽은 지식으로, 이것만으로 통합적 지성을 성장시키기는 어렵다. 지성의 성장을 위해서는 보다 총체적인 지식이 필요한데, 이는 개념을 통해서 조직화되지만, 철학, 의미, 맥락, 방법, 스토리, 종합적 논리성, 미학 요소 등을 포괄하는 살아 있는 지식들이라 할 수 있다. 결국 지식이란 '진리'—혹은 최상의 도덕적, 미적 측면—를 '발견'하는 희열의 대상이자, 그 속에서 자신의 삶을 반추하고 발견하도록 해주는 것이다. 살아 있는 지식의 매체는 동서고금의 명저와 명작의 독서와 감상, 자연과 사회에 대한 실험과 체험, 노작과 실천 등이며, 여기에는 위대한 생각의 씨앗들이 다양하게 내포되어 있다. 결국 교육은 인류 역사의 지적·문화적 소산과 학생의 현실적 삶에 내재된 지식의 확인에 그치지 않고 그 지식에 내재된 다양한 생각의 씨앗들을 긍정적으로 성장시키는 지성교육으로 나아가야 한다.

그렇다면 창의지성교육은 어떠한 생각을 키워나가야 할 것인가? 이 시대 시민은 어떠한 힘을 가져야 할 것인가? 이는 허친스 등이 자유 교육을 현대의 시민, 즉 대중—인구의 일부 계층으로서 지배 계급이던 고대 시민과 달리, 인구 전체이고 통치자이자 피치자인—에게 확대해야 한다고 했던 점에도 그 시사하는 바가 있지만, 결국 시민 한 사람 한 사람에게 올바른 주권자로서의 능력을 갖도록 하는 것이다. 여기에는 세계의 본질과 삶의 의미를 부단히 찾아나서는 통찰적 인식, 자연과 사회의 변화와 발전을 설계하고 새로운 것을 창안해내는 기획 능력(문제해결 능력), 건강한 권리 의식을 갖고 역사와 사회에 대한 책무성을 인식하며 사회적으로 연대할 수 있는 민주 시민 능력, 마지막으로 독립적 사회 주체로서 역사와 사회 속의 자기정체성을 분명히 하고 경제, 사회적으로 건강하고 주체적인 삶을 영위할 수 있는 독립적 생활 능력 등의 인식-기획-실천-삶에 이르는 종합적 지성이 포함된다. 이러한 지성의 종합적 본성을 생각이 지니고 있는 다양한 결들과 관련하여 어떻게 이해할 수 있을까?

2. 다양한 생각의 결(grain)과 통합성

1) 통찰적 사고와 실험적 사고

인간은 객관 세계 속에서 살아가고, 그에 따라 객관 세계와 연관된 사고를 발생, 발전시킨다. 동시에 인간은 객관 세계를 주체적이고 독립적인 사고를 통해 그려가는 존재이기도 하다. 이러한 점 때문에 인간 인식의 본질을 논해온 서양 철학에서도 객관 세계에 인식의 중점을 두는지, 인식 주체의 사고에 중점을 두는지에 따라 커다란 두 경향으로 나뉘어왔다. 이는 서양 철학사 속에서 사고가 발생하고 발전하는 일원론적 설명의 경향에 따라 경험론과 합리론으로 구별되고 있다. 전자는 모든 사고를 인간 활동의 원초적 지점인 '감각'과 '경험'으로 환원시키고, 후자는 사고의 발생과 발전 과정이 감각과 경험으로부터 상대적으로 독립적이라고 보고 있다.

서양의 교육 철학에서 합리론과 경험론은 아직 논쟁중이다. 근대 초기에 나타났던 헤르바르트 등의 지식 교육론, 즉 형식 도야론은 합리론적 훈육관에 따르는 것으로서, 이것의 목표는 정신적 훈련에 기초한 도덕적 도야였다. 현대에 이 합리론적 흐름은 논리실증주의와 게슈탈트 심리학의 논리학과 수학적 '공리(公理)'를 통한 연역적 접근으로 대치되었다. 이러한 합리론적 지식 교육론에 대한 대대적 대항이 19세기 말과 20세기 초 유럽과 미국에서 전개된 '신교육' 운동이었다. 이 신교육 운동은 근대 공교육이 새로운 노동력을 교육할 필요성에 직면하였을 때, 합리주의 지식 교육론이 개념적 기초 지식의 주입 교육―소위 '주지 교육'―으로 고착화된 것에 대한 대대적인 비판으로부터 출발했다.

특히 이 주지 교육이 보수주의자들의 근대 자본주의 산업 질서를 정당화하는 행태를 보여준 것에 비해, 당시 '신교육 운동'은 부분적으로는 일부의 사회주의자―가령 러시아의 크루프스카야, 프랑스의 프레네 등―를 포함하여 자본주의 개혁론자를 중심으로 하는 민주적 사회 개혁의 일부로 나타났다. 이 '신교육 운동'을 통해서 미국, 북구, 그리고 프랑스, 독일의 일부 대안적 교육 운동―프레네 교육과 발도로프 교육 등―의 영향력이 강화되었고, 러시아 혁명의 교육관으로도 일부 원용되기도 했다. 이 개혁적 흐름의 핵심은 '학습자 중심주의(Child-centrism)'와 '경험주의(empiricism)'였다.

학습자 중심주의는 학습 과정에서 배움이 발생해야 한다는 점을 강조함으로써 교육의 본질 회복에 커다란 기여를 했고, 현대 교육에서 기본이 되고 있다. 그러나 학습자를 교육의 중심에 세우는 거의 유일한 방법으로 '경험주의'가 부각되었다는 점은 당시의 학문적 한계와 무관하지 않다. 그러한 경험론적 신교육 운동의 가장 대표적인 이론가가 미국의 존 듀이다. 듀이 교육론의 핵심은 '경험'이다. 듀이의 교육 철학은 경험의 진화로 설명된다. 즉 사고는 경험의 진화적 발전을 매개하는 '성찰'의 매개물일 뿐이며, 역사와 사회로부터 나타나는 다양한 영역의 사고 유형들 또한 '간접 경험'으로 환원되어 버린다. 개인의 사고와 철학, 지성, 지식 등 역사적으로 누적된 사유 등은 오로지 경험의 발전을 매개할 때만 의미가 있다고 주장한다. 일종의 경험적 유용성(실용성)을 위해 사고(생각)를 종속시키고, 그러한 경험의 결과로서 사고를 위치지운다.

이러한 경험주의는 당시 주류 주지 교육에는 삶의 요소를 배움에 도입함으로써 혁명적 충격을 주었다. 이와 같은 신교육 운동의 경험주의는 삶을 통한 생생한 배움을 강조함으로써, 교육 세계에 경험적-실험적 지식의 중요성을 환기해주었다. 경험적-실험적 사고는 분석적이며 논리적이고 체계화된 확실성의 지식을 추구한다. 그러나 오로지 지식, 즉 앎과 생각의 근원을 경험으로만 일원화한다면, 이는 사고의 발생과 발전의 계기를 지나치게 단순화하는 결과를 가져올 것이다. 세계 속의 인간의 앎과 삶은 모두 제한적이고 개별적인 경험만으로 환원되기 어렵기 때문이다.

가령 객관 세계에 대한 부분적인 인식을 넘어서 세계에 대한 총체적·종합적 인식에 대해서까지도 경험적 방법만이 유일하다고 말하기 어렵다. 요컨대 생각은 경험, 감각과 연계되고 일부 그것에 의존하지만, 동시에 생각은 경험으로부터 상대적으로 독립되어, 부단히 인식의 총체성을 향해 도전해간다. 이러한 생각의 상대적 자율성과 독립성에 대한 문제의식은 경험주의와 유사한 신교육 운동의 조류에 포함되지만, 발도로프 학교의 창시자 루돌프 슈타이너의 초기 저작『자유의 철학』에서 분명하게 읽어낼 수 있다. 그는 유럽의 경험론과 합리론의 팽팽한 논쟁의 묘미를 살리면서, 사고의 자율성을 강조하는 합리론의 관점에서 경험을 수용하는 통합적인 일원론—통찰적 사고와 경험적 사고가 통합되는—에 입각한 '생각'의 실체를 논하였다. 이렇듯 생각, 즉 인간의 지성을 통찰적 사고와 경험적 사고가 통합된 것으로 파악하는 전통은 스피노자로 거슬러올라간다. 그는『에티카』에서 '신(神)'이라는 이름의 전체적 세계의 본질을 인식해갈 때 오감(五感)과 경험에 의한 '부분적 인식'과 직관(直觀, 통찰)에 의한 '총체적 본질적 인식'의 통합이 필요하다고 하였다.

통찰력과 상상력은 전체를 대상으로 그 본질적 구조를 포착하려는 사고의 노력이며, 이는 인간의 오감에 기초하는 경험과는 상대적으로 독립적이다. 이러한 인식은 총체적이고 본질적인 법칙을 향해 파고들어가는 인식이지만, 객관적으로 검증되고 체계적이며 확고부동한 안정적인 지식은 아닐 수 있다. 이러한 사고는 주로 동서고금의 명저와 문화예술 명작의 감상을 통해서 갈러지는 직관 혹은 영감적 사고의 발전적 형태라고 할 수 있다. 다른 한편으로 경험적-실험적 사고는 근대 과학에 기초한 사고 방법으로서 검증되고 체계화된 확실한 지식을 추구한다. 반면 이 사고는 경험과 실험 가능한 특정한 조건에 의해 제약된 사고, 즉 부분적 사고임을 인정해야 한다. 따라서 이 부분적 사고를 통해서 얻어진 지식이 그 전제조건을 벗어나 모든 상황에 통용되리라 생각하는 것 또한 무리다. 결국 부분적 인식을 넘어서 종합적이며 보다 본질적인 이치를 추구해가는 인간의 사고는 통찰력과 상상력이라는 미확정적인 총체적 사고와 경험적-실험적 사고라는 체계적인 부분적 사고가 부단히 상호 소통하고 통합적 보완을 지향해가는 속성을 갖고 있다.

2) 고차 사고와 자연적 사고

다음으로 우리가 주목할 생각의 결은 소위 고차적(목적의식적) 사고와 자연적(생활적) 사고다. 인간의 생각을 고차적이고 목적의식적인 것으로 규정하여 교육학에 문제제기를 한 이는 다름 아닌 소련의 심리학자 비고츠키(Lev S. Vygotsky, 2011)다. 그는 마치 레닌의 목적의식성과 자연발생성의 계몽적 도식을 연상시키듯이 아동기의 전개념적 사고 단계와 사회적 고차적 단계의 사고를 대비하고 있다. 그가 강조하는 고차 사고는 '언어를 매개로 하는 사회적 관계, 사회적 상호작용의 소산'으로서 개념적 사고를 의미하며 개념적 사고 이전 단계의 사고는 개념적 사고를 향해 나아가는 하나의 전제인 것이지, 독립적으로 분리된 것이 아니라는 점이다.

아쉬운 점은 비고츠키가 고차적 사고가 무엇인지를 분명하게 설명하지 못했다는 것이다. 정력적인 연구에도 불구하고 38세로 요절한 탓에, 궁극적인 설명항인 고차 사고의 내용에 대한 명확한 설명이 남아 있지 않다. 따라서 비고츠키의 고차 사고의 내용에 대해서는 그의 논리적인 전제를 가정하여 추론할 수밖에 없으며, 여기에는 두 가지 해석의 여지가 있다. 하나는 비고츠키가 당시 소련 사회의 주류적 관점을 용인했다고 한다면, 고차 사고의 핵심을 이루는 사회적 개념이란 맑스-레닌주의적 '과학적 사회주의'의 표준적 개념 체계─변증법적 유물론, 역사적 유물론, 맑스의 정치경제학 등의 개념 체계─일 가능성이 크다. 만약 이렇다면 고차 사고는 자유로운 사고 활동의 결과라기보다는 계급적-당적 개념(이론)의 목적의식적 무장의 결과로 이해되어야 할 것이다.

다른 한 가지는 비고츠키 자신이 보다 자유주의적인 지향을 가졌다면, 고차 사고와 개념을 개인들로 구성된 집단적-사회적 구성물로 이해할 수도 있다. 즉 고차 사고는 미리 정해져 있다기보다는 사회의 집단적 정신 활동의 결과로 언어를 통해서 개념적으로 구조화된다고 보아야 할 것이다. 바꾸어 말하자면 고차적 생각은 사회 속에서 상호주관적으로(intersubjectively) 구성되는 것으로 볼 수도 있을 것이다. 이러한 점에서 비고츠키의 고차적 사고라는 개념은 교육학적으로 불완전한 미완성의 개념일 수도 있다. 그럼에도 불구하고 비고츠키의 교육학적 관점은 자연적 사고, 전개념적 사고, 소위 복합체적 사고에서 고차 사고, 개념적 사고, 사회적 사고로 일방적으로 발전하는 계몽적 경로를 전제로 하고 있다. 지나치게 고등적 사고만 강조하고 있는 것이다.

한편 이와 달리, 비고츠키가 비판하고 넘어서고자 했던 피아제(Jean Piaget, 2005)는 '구조주의, 즉 객관적 구성주의'라는 관점에서 생각의 발전을 논하고 있다. 그는 사고의 능동적 발전을 '스키마(schema)'라는 개념을 통해서 동화, 균형, 조절되는 과정으로 설명했다. 그런데 피아제는 비고츠키와는 달리, 사고의 발달이 단지 고차 사고에서만 의미가 있는 것이 아니라, 감각적 운동 단계부터 고차적인 사고에 이르기까지 다양한 지적, 사고의 수준(계기)에서 발생하는 통합적 상호작용의 결과로 설명하고 있다. 피아제의 이러한 설명은 비고츠키가 제시한 고차적 사고를 중심으로 한 계몽주의적 한계를 넘어서도록 하는데, 그는 자연적 사고와 개념적 사고의 상호작용과 통합의 가능성을 열어두고 있다. 그에 따르면, 생각은 자연적 감성—가령 다양한 감각적 영역, 정서적 영역—과 개념적·이성적 사고가 통합적으로 상호작용하는 것이다. 나아가 피아제의 생각 개념은 비고츠키의 상호주관적(사회적) 구성주의를 넘어서 구조를 전제로 하는 객관적 구성주의의 가능성을 열어주고 있다. 이러한 점에서 객관적 진리를 찾아나가는 부단한 개인적-집단적 생각의 구성이 가능함을 보여주고 있다.

3) 이성과 감성

종래 근대적 교육 관념, 혹은 본질적이고 불변적인 진리 추구의 형이상학의 관념에서 지성, 곧 생각은 합리적·논리적 사고의 요체인 이성(理性)과 같은 것으로 인식된다. 이러한 관점에 따르면 생각은 지식의 암기와 적용 능력, 곧 이성적 논리 능력으로 협소하게 해석된다. 이러한 전통에 따라 지성 교육이 이성 능력을 증진시키는 주지 교육으로 협소하게 오해되는 경우도 적지 않다. 이러한 사고는 지성(intellect)을 이성의 작동지수인 지능(intelligence)과 동일시하는 오류를 범하게 한다. 물론 지성, 즉 생각에서 이성과 지능이 핵심적인 것임은 두말할 나위가 없다. 그러나 지성이 반드시 이성과 동일한 것이 아님을 지적해둘 필요가 있다.

나아가 근대 교육은 정의적(affective) 영역을 지적-이성적 영역과 분리하여 사고하는 경향이 있다. 정의적 접근은 정서와 감성, 인성과 예술적 측면을 중시한다. 나아가 하워드 가드너(Howard Gardner, 2007) 역시 뇌과학에 근거한 다중 지능론에서 상호 분리되고 대당되는 음악, 신체-운동, 논리-수학, 언어, 공간, 대인관계, 자기 이해, 자연 탐구 등의 다양한 지능 영역을 제시하고 있다.[1] 그런데 문제는 이러한 정의적 영역 혹은 다중 지능이 이성과는 독립적 혹은 대립적 실체인가 하는 점이다. 요컨대 정서 혹은 감성은 감각의 욕구적 측면인 희노애락 등의 감정을 이성의 주체적 요소인 의지에 따라 절제하고 재구성한 것으로 볼 수도 있다. 스피노자(『에티카』, 2014)에 의하면, 의지적으로 절제되거나 재구성된 감정 행위를 감성 혹은 정서라고 한다. 그러므로 감성은 이성의 활동과 불가분리하며, 잘 구성된 감성적, 정서적 활동은 이성의 활동을 더욱 적극적으로 발전시키게 된다. 이러한 점에서 지성, 즉 생각은 이성과 감성의 결합으로 이해할 수 있다.

---

1   가드너의 다 중지능설은 종래의 단순한 인지·지식 중심의 지능론 (intelligence quotient, IQ)에 반기를 들면서 인간에게 여타 종류의 지능이 존재함을 강조하였다. 가드너는 뇌과학의 연구 성과에 기반해, 인간 지능을 영역적으로 구분하고, 생물학적으로 진화 가능한 7개의 지능 영역을 주장했다. 그러나 그는 이렇듯 다양한 지능들은 상호작용이나 교환이 불가하며, 개인별 지능의 다양성은 이 지능들의 다양한 조합(profile)으로 나타난다고 보았다.

3. 텍스트와 생각의 씨앗,
그리고 종합적 지성의 복잡계적 형성

1) 지식의 4-텍스트와 생각의 씨앗

창의지성교육에서 중시하는 생각의 씨앗은 4가지 살아 있는 지식 텍스트에 가장 생생하게 포함되어 있다. 각각의 지식 텍스트는 앞에서 말한 생각의 '결'과 연관된 다양한 생각의 계기들을 갖고 있고, 이러한 씨앗들을 발전시켜서 자신만의 생각, 즉 통합적 지성을 키울 수 있다. 2장에서 설명한 창의지성교육의 4가지 텍스트들이 품고 있는 다양한 생각의 씨앗들을 구체적으로 살펴보자.

첫째, 동서고금의 명저에는 통찰력과 상상력, 이성, 고차 사고의 다양한 계기들이 내포되어 있다. 예컨대 철학, 수학, 논리학, 미학, 예술사, 역사, 과학사, 과학철학 등에는 총체적인 사고를 자극하는 다양한 계기들이 존재한다. 이러한 총체적 사고는 오감 혹은 근대적 과학 방법론에 직접 의존하지 않더라도, 세계의 부분과 전체에 대한 통찰과 상상을 열어가는 단초를 제공한다. 그리고 논리적, 체계적 사고를 진전시킬 다양한 계기들도 존재한다. 나아가 과학적 관찰의 기록이나 실험에 대한 서술을 포함하는 사회과학과 자연과학 분야의 연구서는 근대 과학적 방법론의 기본이 되는 경험적-실험적 사고, 즉 부단한 탐구력을 뒷받침하는 체계적이고 논리적이며 분석적인 사고의 계기를 제공해준다. 그리고 문학 작품과 미술사, 예술사, 다양한 문화문명사와 관련된 고전과 명저들은 다양한 예술적 감성과 영감의 계기를 제공할 수 있다.

둘째, 문화예술 작품에는 문화예술적 영감과 심미안을 키우고, 감성적 사고와 예술적 표현 등을 자극하는 다양한 계기들이 존재한다. 문화예술 작품을 통해 학생들은 예술가들의 다양한 미적 세계에 접하고, 예술적-철학적 고뇌와 사상을 접할 수 있다. 한편 문화예술 작품은 특정한 시대와 사회의 역사적 산물이다. 이 문화예술 작품을 통해서 학생들은 인간, 문화, 문학, 역사, 철학, 신화, 종교 등에 대한 다양하고 풍부한 사고의 계기들을 접할 수 있고, 이를 통해 학생들은 인간의 삶에 대한 비판적 사고를 키워갈 수 있다. 나아가 문화예술 작품에 대한 분석적 접근을 통해 근대 과학적인 탐구력과 체험적 사고를 강화할 수도 있다. 그리고 문화예술 작품의 감상을 통해 학생들은 자신들의 사고와 사상에 대한 다양한 표현 방법을 체득하고, 자신만의 예술 작품을 창조하는 기회를 갖게 된다.

셋째, 사회와 자연에 대한 체험과 실험을 통해서 학생들은 근대 과학적 사고 방법론인 경험적, 실험적 사고의 정수를 배울 수 있다. 나아가 생태 및 자연에 대한 접근을 통하여 자연 세계에의 감성적, 공감적 능력을 키울 수 있다. 그런데 자연 및 사회에 대한 체험과 실험이라는 지식 텍스트는 가설 형성, 과학적 실험 조작, 검증, 새로운 발견 등에 걸치는 체계적이고 논리적인 분석을 통해서 과학에 의해 검증된 지식을 형성하고 이성적, 논리적 사고를 계발할 수 있도록 한다.

넷째, 사회적 실천과 노작을 통해서 학생들은 지행합일의 실천적 사고와 건강한 생활형 사고의 단초를 얻을 수 있다. 그리고 실천과 노작은 사회와 노동과정 속에 스스로를 위치지움으로써 앎과 삶의 일치—지행합일(知行合一)—를 추구하는 속에서, 자기 자신의 사고의 '진실(진리)성'을 검증하고 확인할 수 있는 중요한 계기가 된다. 나아가 실천이나 노동은 세계와 사회에 대한 합목적적이고 발전적인 창조 활동이거나 혁신 활동이기 때문에, 이러한 활동을 통해서 학생들은 독립적이고 능동적인 개인으로서의 정체성을 강화할 수 있을 것이다. 이러한 과정은 공동체 속의 자신의 적극적 존재감을 확인할 수 있도록 하며, 사회적 연대 의식 및 리더십을 강화할 수 있도록 해준다.

2) 통합과 융합의 비판적 사고 과정

창의지성교육은 지성 교육, 즉 생각을 키우는 교육을 통해 창의적이고 독립적인 민주 시민을 육성하려는 것이다. 즉 창의지성교육에서는 자신만의 사고를 세우는 과정, 즉 비판적 사고의 과정을 통하여, 통찰력, 기획력, 민주 시민 능력, 독립적 개인정체성 등에 걸치는 통합적 사고와 삶의 능력이 핵심적으로 중요하다. 이 과정에서 앞의 4가지 텍스트가 갖고 있는 생각의 씨앗들을 고려하여 통합적 사고와 삶의 능력의 발전을 기하는 수업이 이루어져야 한다. 특히 고전명저의 독서와 문화예술 작품의 감상은 세계와 인간, 그리고 사회에 대한 통찰과 직관, 그리고 스스로가 직접 경험하지 못한 세계에 대한 다양한 상상적 구상의 힘을 펼칠 수 있다.

창의지성교육이 추구하는 통합적-총체적 사고는 다중 지능 이론이나 역량 교육에서 강조하는 바와 마찬가지로 생각의 몇 가지 기능적 요소들이나 행동 요소들을 모자이크적으로 연결(profiling)시키는 방법으로는 만들어지기 어렵다. 이러한 종합적 사고는 각 텍스트들에 포함되어 있는 생각의 씨앗(결)들이 총체성과 통일성을 향해 상호작용하고 조우함으로써 만들어진다. 즉 창의지성교육의 지성, 즉 종합적 사고는 통합과 융합을 지향하는 여러 지성(생각)의 씨앗들—이는 단순한 생각의 기능적 측면이나 외적 행동 능력을 의미하는 '지능'이나 '역량'이 아니라, 종합적 지성으로 나아가는 '생각'의 계기들로서, 가령 직관과 영감, 경험적 사고나 실험적 사고, 분석력과 논리력, 이성과 감성, 사회적 개념적 사고와 생활적(실천적) 사고, 정체성과 책임성 등 창의지성교육에서 주목하는 생각의 다양한 측면을 의미한다—간의 '복잡계'적 통합과 소통을 통해서 달성되는 것이다.

'생각'의 종합적 성격은 유럽 철학적 전통이나 심리학의 중심 조류 속에서 핵심 과제이기도 하였다. 우선 철학적으로 스피노자(Spinoza)는 대륙과 영국을 포함한 유럽적 철학 전통 위에서 경험적-감각적 인식과 직관적-통찰적 인식 모두를 생각과 객관 세계의 인식의 통합적 도구로 파악하였다. 나아가 이러한 전통 위에서 독일 발도로프 학교의 창시자인 루돌프 스타이너(Rudolf Steiner)도 경험적-실험적 사고와 직관 및 통찰에 의해 인도되는 개념적-관념적 사고를 상대적으로 구별하면서도 통합적 일원론의 생각의 세계를 보여준 바 있다.

한편 통합적 일원론의 생각은 현대 심리학의 기반을 구축한 쟝 피아제(Jean Piaget)에 이르러 그 정점을 확인할 수 있다. 그는 『지능의 심리학(*La Psychologie de L'intelligence*)』에서 감정과 인식, 그리고 습관, 지각, 지능 등 각각의 정신 생활의 층위가 서로 구별되지만, 그것은 상호 침투하고 교차되며 통합을 지향하고 있음을 강조하고 있다. 그는 "지각, 습관 및 원시적 감각 기구에서 시작되어 고도한 지능의 작용에 이르기까지 일관성"을 갖는 통합성을 갖고 있다고 주장한 것이다. 피아제는 생각이 인식의 수준—감각, 지각, 표상, 개념과 관념을 중심으로 하는 분석적, 논리적 사유, 직관과 영감 등 통찰적 사유 등—뿐만 아니라, 인식의 다양한 측면—경험적-실험적 사고와 통찰적 사고, 감성과 이성 등과 같은—등에 걸쳐서 통합성을 지향하고 있음을 밝혀주었다.

창의지성교육의 텍스트 구성과 비판적 사고의 형성 과정, 즉 통합과 융합을 통한 자기 사고의 형성 과정, 그리고 이것을 통해 독립적이고 창의적인 민주 시민이 가져야 할 종합적 생각과 삶의 능력이 어떻게 만들어질 것인지 개괄적으로 도시해보자면 다음과 같다.

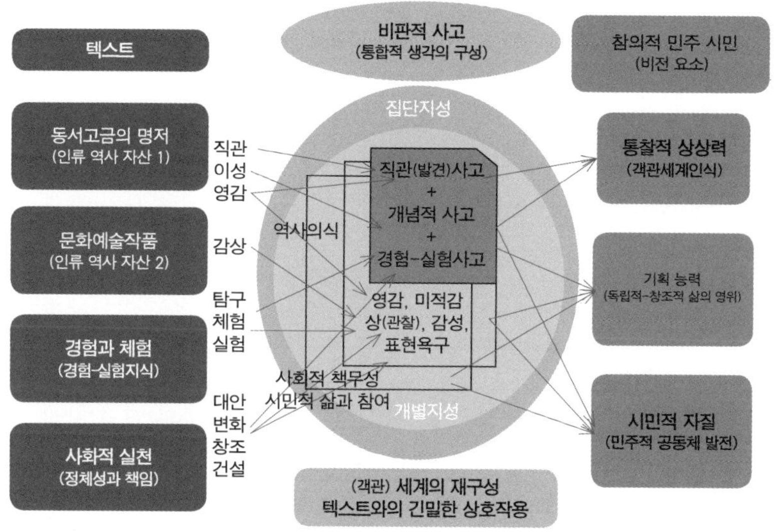

그림 Ⅲ-1   종합적 생각과 삶의 능력

4. 생각의 힘을 갖춘 민주 시민

궁극적으로 창의지성교육은 통찰력과 상상력, 기획 능력, 민주 시민 자질 등의 종합적인 생각의 힘을 균형 있게 갖춘 독립적이고 창의적인 민주 시민을 육성하고자 한다. 따라서 민주 시민의 육성이야말로 창의지성교육의 가장 높은 차원의 교육 목표가 될 것이다. 민주 시민이 가져야 할 지성의 세 측면도 고립되어 존재할 수 없으며, 상대적으로 구별되면서도 동시에 통합과 융합을 지향한다. 따라서 이러한 상대적 구별을 전제로 창의지성교육의 교육 목표 체계는 구체화된다.

요컨대 창의지성교육의 각각의 교육 목적들은 이를 구현하기 위한 다양한 하위 영역들을 갖고 있다. 이 하위 영역들 속에서 교육 목표가 보다 더 구체적으로 만들어진다. 교사와 학생들은 교과목과 교육 과정상의 구체적인 단원에 필요한 창의지성교육의 교육 목적과 교육 목표의 체계를 가져야 한다. 그리고 창의지성교육의 교육 목표들은 궁극적으로 독립적 민주 시민의 지성적 자질(교육 목적)이 충족되도록 통합적으로 설계되어야 한다.

다음의 표를 보면 잘 알 수 있지만, 통찰적 상상력, 기획력(객관 세계와 자연과학, 사회 탐구와 사회과학, 예술문화와 창조 영역, 주체적 삶과 정체성 영역), 민주적 시민자질 등의 덕목은 상호 연계되고 있고, 특히 통찰적 상상력은 기획력과 민주 시민의 자질을 키우는 데 커다란 전제가 되기 때문이다. 요컨대 기획력의 핵심인 탐구의 전과정, 문화적 창조 과정, 주체적 삶의 영위에서 통찰적 상상력이 작동하지 않는다면 근본적이고 혁신적인 패러다임 전환은 있을 수 없다. 나아가 민주적 시민 자질을 키우는데, 통찰적 상상력을 갖고 기획력을 갖는 독립적 개인이

표 Ⅲ-1　　민주 시민의 지성적 자질

비전		교육 목적	목표
통찰적 상상력		세계관(세계와 존재에 대한 관계설정), 철학적 사유와 직관 능력, 세계와 미래에의 통찰 능력, 이성 능력, 과학적-수학적 직관(발견) 능력, 미적 본질에 대한 영감, 예술적 감수성(예술과 문명, 문화, 사회, 역사, 종교, 철학 등), 철학적 윤리적 사고, 논리적 사고(추상과 구체, 분석과 종합, 보편과 특수 등) 능력	철학적, 논리적, 예술적 사고 → 객관 세계의 구성 능력
기획력	객관 세계와 자연과학	탐구력, 조사 능력, 가설 능력, 실험 능력, 분석 능력, 설명 능력, 과학 지식과 철학-윤리적 문제 등	체험, 탐구, 실험, 창조, 실천과 노동 등 → 세계의 분석과 대안 기획 능력
	사회 탐구와 사회과학	탐구력, 조사 능력, 가설 능력, 실험 능력, 분석 능력, 대안 제시 능력, 설명 능력, 사회적(공공) 선택과 윤리철학적 문제 등	
	예술문화와 창조 영역	감상 능력, 표현 능력, 디자인 능력, 작품 창조 능력, 예술과 철학-윤리	
	주체적 삶 정체성	건강하고 아름다운 삶, 노동과 실천 자질, 정체성(시대, 세계, 국가, 사회, 가족 등), 주체 의식(삶의 성찰적 태도와 권리 의식), 자기 표현력(정확한 자기 표현과 설득 능력), 공정한 경제 자세, 자립적 직업관과 진로관	
민주적 시민 자질		민주 시민 정체성, 권리 의식과 책임 의식, 평등 의식과 차별 배제, 정의 개념(시비, 수오, 실천지심), 역사 의식과 공동체 의식, 소통과 공존 능력, 평화 의식, 사회 발전의 대안 능력, 헌신의 리더십, 민주적 제도 이해와 제안 능력	독립적 개인의 민주적 공동체 구성 능력

분명한 전제가 되어야 한다. 그 독립적 개인들이 목적의식적으로 공공성을 추구할 때 비로소 민주적 시민이 탄생할 수 있기 때문이다.

1) 통찰적 상상력: 세계와 사회, 나의 발견

창의지성교육의 첫 번째 교육 목적—즉 독립적이고 창의적인 민주 시민 육성을 위한 첫 번째 목표—은 통찰력과 상상력의 육성이다. 통찰력과 상상력의 핵심은 철학적 사유를 기초로 한 직관적 능력, 세계관, 자연적-역사적 통찰 능력, 과학적-수학적 직관 능력, 논리적 사고와 증명 능력, 미적(예술적) 본질에 대한 접근 능력, 윤리적 문제의 철학적 정초 등과 같은 다양한 교육 영역에 걸쳐 있다. 객관적 세계를 인식하는 통찰력 혹은 상상력을 성장시키기 위해 주요한 영역별로 고려되어야 할 교육 목표는 다음과 같다.

- **세계관 영역**: 이는 세계와 존재에 대한 관계설정 능력과 관계가 깊다. 가령 여기에는 세계에 대한 인식 능력, 인간과 세계의 관계설정 능력, 인식론에서 올바른 진리관의 형성, 삶과 실천 및 노동에 대한 태도, 실존적 문제에 대한 태도 등이 포함될 수 있겠다. 여기에는 이와 연관된 철학(사)적 지식과 개념, 그리고 과학(사)적 지식과 개념

등이 중요한 학습 대상이다.

- **철학적 사유와 직관적 사고 능력**: 이는 철학사의 기본 흐름을 인식하고, 철학의 기본적 문제와 쟁점들에 대한 파악 능력과 직결된다. 나아가 이는 철학과 앎(知)의 관련성을 파악하고 세계와 학문의 기본 구조를 파악하는 능력이라고도 할 수 있다. 이를 위해서는 동서양의 철학과 그 역사에 대한 기본 지식의 습득이 아주 중요하다.

- **자연적−역사적 통찰 능력**: 여기에는 자연 및 사회의 구조와 법칙을 발견하고, 자연 및 사회, 역사적 추세의 본질적 측면과 부차적 측면을 구별할 줄 알며, 자연, 사회, 역사에 대한 가설을 구성하고 이를 통해 본질적 법칙성이나 경향성을 예비적으로 설명할 수 있는 능력 등이 포함된다. 이러한 생각의 힘을 키우기 위해서는 역사, 사회, 자연 세계에 대한 기본 법칙 및 구조와 연관된 지식을 습득하고, 자연사 및 우주에 대한 제반의 저작, 수학적 공리 및 과학사 등을 통한 자연 법칙 인식의 확장, 사회사, 세계사, 문화사, 경제사 등을 통한 사회과학적 법칙 인식의 확장 등이 중요한 역할을 한다.

- **이성 능력**: 이성은 직관 혹은 영감을 논리화, 체계화하고 증명함으로써 통찰적 사고로 발전시키는 역할을 한다. 직관과 영감을 경험적−실험적 사고를 연계하면서, 이를 논리적으로 분석하고 증명함으로써 보다 체계적이고 논

리적인 사고로 전환하도록 돕는다. 이를 위해서는 철학이나 철학사, 과학사 및 과학철학, 심리학, 논리학적 지식을 습득할 수 있는 고전과 명저의 독서가 필요하다.

- **과학적, 수학적 직관 능력**: 자연적 법칙과 구조를 파악하고 구성할 수 있는 능력이며, 여기에는 수학적 논리력, 수학 법칙과 자연 세계, 수학과 철학, 자연과학과 철학, 이론물리의 역사와 의미, 과학철학의 패러다임 등이 중요한 주제 영역이 된다. 현상들 자체가 아니라 사실들이 구현된 원리들을 깨우치는 발견 학습(heuristics of discovering) 능력이라고 할 수 있다. 이를 위해서는 자연과학적 학습 방법, 수학사적 지식, 과학사적 지식, 수학 및 과학의 기본 법칙에 대한 풍부한 이해 등을 제공할 수 있는 저작에 대한 독서가 중요하다.

- **미적 본질에 대한 영감**: 여기에는 예술과 철학, 미학적 감수성, 예술과 작가 정신, 예술과 역사/사회성, 예술과 문화 및 문명, 예술과 삶, 예술과 이성 등을 관계지워 인식할 수 있는 능력이 포함된다. 이를 위해서는 예술사조 및 작가, 그리고 시대적 고민에 대한 지식, 예술 작품의 감상에 대한 방법과 예술사 지식, 영감의 포착과 표현 능력 등을 습득할 수 있는 고전의 독서와 문화예술 명작의 감상이 필요하며, 특히 국내외 유수의 박물관의 문화적 콘텐츠를 체계적으로 감상하는 것이 필요하다.

- **윤리와 철학**: 여기에는 인간의 삶에 대한 철학적 이해, 실존과 윤리, 윤리와 사회적 삶, 정의와 사회적 연대 등의 문제 등에 대한 사고 능력이 포함된다. 이를 위해서 인간, 사회, 역사에 대한 '인간성'의 변천에 대한 지식, 현대 사회 속의 소외와 소통 및 연대에 대한 지식, 새로운 사회적 삶의 가능성에 대한 지식 등을 습득할 수 있는 고전과 명저의 독서, 사회적 현장 탐방 및 실천, 학교 내의 연대적 사회 구축, 영상매체 등 문화예술 작품의 감상이 필요하다.

2) 기획 능력: 문제의 발견과 창의적 해결 능력

창의지성교육의 두 번째 교육 목적은 기획 능력의 함양이다. 기획 능력은 다양한 상황에서, 그리고 불확실한 사회와 자연의 변화 속에서 스스로 문제를 정확히 파악하고서 이를 창의적으로 해결할 수 있는 능력을 키우도록 하는 것이다. 기획 능력은 예술적 창조적 능력도 중요하지만, 일상적으로는 인간에게 위기 요인으로 성장할 수 있는 객관적 추세나 문제를 명확히 인식하고, 이를 통제하고 흐름을 변화시킴으로써 위기를 회피하거나 인간에게 유리한 전화위복의 상황으로 재구성할 수 있는 능력을 의미한다. 따라서 기획 능력은 급변하고 불확실한 현대 사회의 상황 속에서 아이들이 건강하고 독립적인 시민으로 살아갈 수 있도록 생각하고 실천할 수 있는 능력 모두를 포괄하고 있는 것이다.

이 기획 능력의 교육 목적에는 4가지 핵심 영역이 포함되는데,

첫째, 객관 세계와 자연에 대한 이해와 탐구 영역,

둘째, 사회적 탐구와 실천 영역,

셋째, 예술적 창조 영역,

넷째는 건강하고 주체적인 삶의 영역이다.

각각의 영역 별로 강조되어야 할 교육 목표와 관련된 지식 체계는 다음과 같다.

(1) 객관 세계와 자연에 대한 이해와 탐구

객관 세계 및 자연에 대한 이해와 탐구 영역은 자연과의 공존 및 지속가능한 발전, 인간 사회의 진보를 위한 자연력의 이용, 나아가 자연 재해의 예측과 예방 등 다양한 측면에 걸치는 문제탐색과 문제해결 능력을 성장시키는 것을 목표로 한다. 여기에는 탐구력, 문헌 및 증거 조사 능력, 가설 형성 능력, 실험 능력, 분석 능력, 설명 능력 등이 포함되며, 마지막으로 자연과학적 지식과 윤리적 문제의 인식 등과 연관된 목적들이 포함된다.

- **탐구력**: 여기에는 문제탐색(찾기) 능력, 문제성격에 대한 판단 및 정의 능력 등이 포함된다. 이러한 탐구적 능력을 강화하기 위해서는 호기심, 문제와 관련된 지식, 탐구와 연관된 기술, 분류학과 과학사적 지식 등이 중요한

역할을 한다.

- **조사 능력**: 여기에는 기존 연구에 대한 수집 및 비판적 검토 능력, 그리고 기존 연구들 간의 비교 능력, 새로운 증거와 자료에 대한 조사 능력 등이 포함되는데, 이를 위해서는 자연과학적 조사방법론이 중요한 역할을 할 수 있다.

- **가설 형성 능력**: 여기에는 상상력과 현실 재구성을 위한 논리적 능력, 논리적 증명(논증) 능력, 상황 발전의 분석과 예측 능력 등이 포함된다. 이러한 능력의 증진을 위해서는 관련 분야의 과학적 지식, 과학적, 수학적·논리학 지식, 그리고 철학적 통찰 지식 등이 요구된다.

- **실험 능력**: 여기에는 실험 설계 능력, 조작 능력, 조사 능력, 다양한 직관적 예측 능력 등이 포함된다. 이 능력의 증진을 위해서는 해당 분야의 이론 지식, 설계 지식, 조작 노하우 등이 필요하다.

- **분석 능력**: 여기에는 실험 결과 드러난 사실을 논리적으로 재구성하고, 상황 발전에 대해 과학적으로 예측할 수 있는 능력 등이 포함된다. 이를 위해서는 해당 분야의 선행 연구 지식을 충분히 검토, 숙지할 필요가 있고, 나아가 과학적, 수학적 논리와 철학적 통찰 지식 등이 요구된다.

- **설명 능력**: 여기에는 탐구 결과 발견된 지식을 객관적 맥락 속에 위치지우고, 연구된 결과를 사회적 공중에게 설

명하고 홍보할 수 있는 능력이 포함되며, 연구 결과의 사회적-정책적 활용 방안을 강구할 수 있는 능력 등이 포함된다. 이를 위해서는 관련 연구 분야에 대한 일정한 지식이 필요하며, 문학적-인문학적 지식, 사회적 관계 및 의사소통에 관한 지식 등을 활용하여 설명 능력을 높이고, 정책 분야 및 정책 과정과 관련된 분석적 지식 등도 요구된다.

- **과학 지식과 철학, 윤리 문제의 인식**: 여기에는 과학과 문명(인류사)에 대한 성찰적 인식, 인간 친화적 과학 발전에 대한 구상력 혹은 과학 발전에 대한 시민적-민주적 통제의 가능성, 과학과 사회적 정의의 연관설정 문제 등의 능력이 포함된다. 이를 위해서는 과학사 지식, 과학사회학 지식, 사회학과 인문학적 통찰 지식 등이 기초 지식으로 활용될 수 있다.

(2) 사회적 탐구 및 실천 영역

사회적 탐구 및 실천 영역은 사회적, 정치적 관계 및 경제적 관계에서 발생하는 문제들을 과학적으로 분석, 이해하고, 사회적-경제적 정의 및 정치적 민주주의에 대한 올바른 인식과 실천 능력을 갖도록 하는 데 우선적인 목표가 있다. 이러한 목표를 통해 학생들이 독립적 시민의 삶과 사회적 연대를 통해, 불의에 저항하고 더불어 행복하게 살아갈 수 있는 사회-경제적 정의와 민주

주의를 구현하도록 하기 위한 것이다. 여기에는 탐구, 조사, 가
설형성, 사회적 실험, 분석, 대안 제시, 설명 능력 등 사회과학의
방법론들과 관련된 학습 목표들이 포함된다. 그리고 사회과학적
기획 혹은 사회과학적 지식이 가질 수 있는 공공성과 윤리성의
문제 또한 중요한 학습 주제가 될 수 있다.

- **탐구력**: 여기에는 정치적, 사회적, 경제적 문제탐색(찾
  기) 능력, 그리고 문제의 성격을 판단하고 정의할 수 있
  는 능력 등이 포함된다. 이를 위해서 호기심, 해당 문제
  와 관련된 사회과학적 지식(정치, 경제, 사회, 문화 등),
  사회과학적 탐구 기법, 분류학 지식 등의 지식 체계가 필
  요하다.

- **조사 능력**: 여기에는 기존 연구를 수집하는 능력과 이를
  비판적으로 검토하는 능력, 연구 결과의 비교 능력, 새
  로운 사회적 사실 수집과 향후 전망과 관련한 능력 등이
  포함된다. 이를 위해서는 주요한 사회과학적 조사방법,
  설문(여론) 조사방법, 의사소통 방법 등의 지식 체계가
  필요하다.

- **가설 능력**: 여기에는 상상력과 잠정적인 현실 재구성 능
  력, 그리고 상황의 발전에 따른 사회적 문제에 대한 예측
  능력 등이 포함된다. 이를 위해서는 관련된 사회과학 분
  야의 지식, 논리학 지식, 철학적–사회과학적 통찰 지식
  등이 필요하다.

- **실험 능력**: 여기에는 실험적 상황으로의 재구성 설계 능력, 시뮬레이션 능력, 결과의 의미분석 능력 등이 포함된다. 이를 위해서는 관련 사회과학 분야의 지식, 의사소통 능력, 그리고 심층 조사 등 사회조사방법론 등이 필요하다.

- **분석 능력**: 여기에는 실험 결과의 논리적 구성력, 논증 및 실증과 같은 증명 능력, 상황 발전에 대한 과학적 예측 능력 등이 포함된다. 이를 위해서는 해당 사회과학 분야의 선행 연구, 논리학, 인문학적-사회과학적 통찰 지식과 상상력 등이 필요하다.

- **대안제시 능력**: 여기에는 정책대안을 제시하는 능력과 대안의 실현에 필요한 자원을 검토하고 동원할 수 있는 능력, 이를 실천할 수 있는 인적 조직 능력, 대안을 가장 효과적으로 구현할 수 있는 전략 및 전술 능력 등이 포함된다. 여기에는 인문학적-사회과학적 통찰 지식, 의사소통 능력, 사회적 연대와 조직 능력 등이 포함된다.

- **설명 능력**: 여기에는 정책대안을 사회적 역사적 맥락 속에 위치지우고, 그것의 사회적 가치를 공중에게 설명할 수 있는 능력, 그리고 대안의 사회정책적 함의 등을 분명히 할 수 있는 능력 등이 포함된다. 이를 위해서는 인문학과 사회과학 지식, 언론과 사회적 관계 지식, 의사소통 지식, 정책대안에 대한 관련 지식 등이 필요하다.

- **사회적 선택과 윤리철학적 문제**: 여기에는 사회적 기획

혹은 사회과학적 지식의 공공성에 대한 성찰적 인식, 정책 공공성과 사회적 정의 문제의 연계 능력 등이 포함된다. 이를 위해서는 공공정책학, 공공성과 사회 계급·계층 지식, 사회학-인문학적 통찰력 등이 필요하다.

(3) 예술적-문학적 창조 영역

예술 및 문화 영역에서 기획 능력은 문화예술 작품을 감상하고, 이 과정에서 영감된(inspired) 것들을 표현함으로써 다양한 예술적 계기와 비판적 사고를 획득하고, 이를 자신만의 예술-문화 세계로 발전시키고 디자인과 작품의 창조로 연계하는 것을 중시한다. 이를 위해서 문화예술 작품의 감상 능력, 예술적 감수성의 증진, 미적 본질에 대한 영감의 증진, 문화예술 작품을 통한 비판적 사고의 형성 등이 핵심 교육 목표가 될 수 있다.

- **감상 능력**: 여기에는 예술 작품의 감상 능력, 예술적 감수성 및 미적 본질에 대한 영감의 증진, 그리고 문화적 비판 사고의 증진 등이 포함된다. 이를 위해서는 호기심, 예술사, 인문학적-사회과학적 통찰 지식, 회화, 조각, 영상, 음악 등 다양한 예술적 콘텐츠, 관련 작품과 연관된 해설적 지식 등이 요구되고, 이러한 예술적 감상 활동을 학생들이 일상화할 수 있도록 박물관, 예술극장 등 문화예술 교육의 인프라가 충실히 갖추어져야 한다. 그러나 박물관과 같은 문화(예술)적 인프라는 콘텐츠의 확대

와 보편성을 위해서 외국 유수의 박물관의 콘텐츠를 온라인으로 공유하는 네트워크화를 추구할 필요가 있고, 이러한 콘텐츠를 기반으로 문화예술 교육을 자유자재로 전개할 수 있는 전문적 교육가들의 육성도 중요하다.

- **표현 능력**: 여기에는 문화예술 작품의 감상 결과를 다양하게 표현하는 것, 그리고 특정한 상황 속에서 영감된 것을 자유롭게 표현하는 것, 나아가서는 육체적 연마를 통한 미적 표현 능력 등이 포함된다. 이를 위해서는 문화예술 작품의 감상 방법, 모작(따라 만들기, 그리기), 영감의 다양성을 상호 비교, 문화적 재창조를 습작과 연습 등이 필요하다.

- **디자인 능력**: 여기에는 예술적 상상력과 영감을 미적으로 설계하고 구성해내는 능력이 중요하다. 이를 위해서 예술사, 인문학적-사회과학적 통찰력, 디자인과 연관된 지식과 기술, 응용예술 지식 등이 필요하다.

- **작품 창조 능력**: 마지막으로 예술 작품을 창조하는 데 필요한 구성력, 미적 실천 능력과 설명 능력 등이 아주 중요하다. 이를 위해서 예술 분야에 대한 전문 지식, 인문학적 통찰 지식, 디자인 지식, 응용예술 지식 등이 필요하다.

- **예술과 철학, 윤리**: 한편 예술 작품의 감상과 창조에서 특히 중요한 것은 그 예술 작품의 역사적-사회적 맥락을

파악하고, 예술과 표현의 자유, 그리고 예술과 철학 등의 관계성을 충분히 이해하는 것이 필요하다. 이를 위해서 미술사, 음악사, 예술의 사회사, 문화사, 인문학-사회과학에 기반한 통찰 지식 등이 필요하다.

(4) 주체적이고 건강한 삶의 영역

미래 시대를 살아갈 독립적이고 창의적인 시민이 갖추어야 할 기획 능력에는 학생 개개인이 주체적이고 건강한 삶을 영위할 수 있도록 하는 영역이 포함된다. 여기에는 건강하고 아름다운 삶을 살아갈 수 있는 능력, 노동과 실천적 능력, 사회적 정체성, 주체 의식, 자기 표현 능력, 공정한 경제 관념, 자립적·발전적인 직업관과 진로관 등이 포함된다. 특히 자신의 정신과 육체에 대한 자립적 태도, 노동의 가치와 노동권 존중, 사회적 변화 속의 자신의 존재감, 학교, 사회, 국가, 세계 등 조직적 삶 속에서 민주적 권리와 책무성 인식, 스스로의 삶의 성찰적 태도, 정확한 자기 표현과 소통 능력, 자립적 경제 능력과 공존적-연대 능력 등이 중요한 교육 목표로 등장한다.

3) 민주적 시민 자질

창의지성교육의 세 번째 교육 목적은 민주적인 시민으로서 살아갈 수 있는 능력이다. 민주적 시민의 자질은 종합적 생각을 키우는 지성 교육의 과정에서 자각된 역사와 사회에 대한 부채 의식으로부터 성장하는 사회적 책무 의식으로부터 연원한다. 민주적 시민 자질이라는 교육 목적이 성취되기 위해서는 대한민국이라는 민주공화국(공동체) 속에서 민주적 시민으로서의 정체성— 민주적, 사회적, 역사적 주체로서의 의식 함양— 확립, 민주공화국 및 자신이 속한 공동체 속에서의 자신의 권리 의식과 공적 책임 의식, 평등 의식의 자각, 기획 능력의 기본이기도 한 사회적 정의—더불어 행복한 삶을 살아갈 수 있는 경제적 조건과 사회적 신의, 연대—의 가치 인식과 실천력, 민주적-공공적 역사 의식, 소통 및 공존평화 의식, 공동체 발전을 위한 대안 제시 능력, 공공에 헌신하는 민주적 리더십의 배양 등 교육 목표가 대단히 중요해진다.

IV

창의지성교육 과정: 생각을 키우는 수업

Ⅳ. 창의지성교육 과정: 생각을 키우는 수업*

창의지성교육 과정의 기본적인 접근 방법론은 '배움 중심'으로 학습자가 비판적 사고를 통해 스스로의 생각을 키우는 것이다. 이와 관련하여 '생각' 혹은 '지성'이 성장한다는 것의 의미와 그 과정에 대해 검토해볼 필요가 있다. 창의지성교육에서 추구하는 배움은 '생각의 성장'을 의미한다. 교육 과정은 단편화된 지식의 축적을 넘어서는 것이어야 하며, 지식은 지적 성장의 결과물이자 더 높은 단계로의 지적 성장의 과정적 매개물로서 의미를 가진다. 창의지성교육의 수업 체계는 지식 텍스트와 인지 전략에서 이처럼 우리 교육의 체계에 큰 영향을 미치고 있는 행태주의적 교육관과는 본질적으로 다르다.

---

* 이 장은 필자가 비공식적 연구팀(자문위원)으로 참가하여 집필한 경기도교육청(2013)의 총론 "창의지성교육 과정의 비전과 목적, 목표"의 일부 내용에 기초하지만 대폭 재집필되었음을 밝힌다.

1. 교육 과정 이론들의 비판적 검토

1) 행태주의 교육 과정

행태주의 교육 과정을 체계화한 블룸(Bloom, 1994) 등은 교육 목표의 분류학(taxonomy)을 통해서 이른바 과학적이고 체계적인 교육 목표를 설정하기 위하여 적극적으로 노력해왔다.[1] 그는 교육 목표를 분류함에 있어서 인지 과정의 위계층을 상정하고,

---

[1]　블룸(Bloom) 등은 교육 목표의 분류학을 표방하면서. 과학적이고 체계적인 교육 목표를 설정하고자 하였다. 그는 교육 목표를 분류함에 있어서 인지 과정의 위계를 상정하고, 교육 과정 그 자체보다 그 결과에 초점을 맞춘 교육 과정을 구상하였다. 교육 목표의 분류표는 교육의 이러한 결과로 나타나는 행동(행위) 목표를 분류하기 위한 것이다. 인지적 영역과 관련해 점차적으로 높은 단계로 나아가는 위계적 구조를 상정했는데, 이는 학생들이 인지 정보를 수용할 때 사용하는 정신 기능의 '단계'를 의미한다(인지 영역에 대해 지식, 이해, 적용, 분석, 종합, 평가 등 6단계 제시). 이 여섯 단계는 위계적 단계로서 인식되며, 나중으로 갈수록 고차적이고 복잡화된 단계로 생각되고, 고차 단계의 인식은 직전까지의 하위 단계들의 사고 기술이나 행동 능력(역량)을 필요로 한다. Anderson, Lorin W. & Lauren A. Sosniak, eds. (1994), *Bloom's Taxonomy: A Forty-Year Retrospective*. Chicago National Society for the Study of Education.

교육 과정 그 자체보다 그 결과에 초점을 맞추어 교육 과정을 구상했다. 그들이 만든 교육 목표의 분류표는 교육의 결과로 나타나는 행동(행위) 목표를 분류하기 위한 것으로 인지적 영역과 관련해 점차적으로 높은 단계로 나아가는 위계적 구조를 상정했는데, 이는 학생들이 인지 정보를 수용할 때 사용하는 정신 기능의 '단계'를 의미했다. 우선 인지 영역에 대해 블룸은 지식, 이해, 적용, 분석, 종합(통합), 평가 등 여섯 단계를 제시했다.

첫째 '지식' 단계는 이전에 학습된 자료를 기억하는 것으로서, 기억된 정보는 변형이 있을 수 있지만, 본질적으로는 이전의 학습 내용 그 자체다. 여기에는 보편적인 것과 추상적인 것에 관한 지식이나 특수한 것을 다루는 방법과 수단에 관한 지식이 포함된다. 흔히 정보화되고 분절적으로 정의되는 개념 혹은 단순한 지식 체계에 대한 암기 혹은 기억의 단계를 의미한다.

둘째 단계는 '이해'다. 이 단계는 '기억'을 넘어서 스스로 받아들인 지식의 의미를 파악하는 단계로서 해석이나 설명, 예측 등이 이러한 의미 이해의 다양한 측면들로 나타난다.

셋째 단계는 '적용'이다. 적용은 지식을 기억하고 이해하는 데 머물지 않고, 새로운 상황으로 연장하고 적용할 수 있는 능력을 의미한다. 적용의 단계를 보여주는 시키는 인지적 단계는 추론이나 일반화 등이다.

넷째 단계는 '분석'인데, 자료 혹은 지식이 갖고 있는 구성요소를 분석하고, 구성요소의 성격에 따라 이를 재구성함으로써 원래의 취지를 분명히 인식하는 단계다. 특히 이 분석의 단계에는 지식의 형식과 구조를 중심으로 구조가 갖고 있는 의미를 획득하는 것이 중요하며, 구조, 관계, 요소에 대한 분석이 초점을 이룬다.

다섯째는 '통(종)합'의 단계로서 분석된 요소나 부분을 합해서 새로 전체를 재구성하는 창조 행위를 의미하며, 계획, 조작, 추상적 연결 등과 같은 행위가 아주 중요하다.

마지막 여섯째 단계는 '평가'인데, 이는 지식의 효과성이나 전략적 방법에 대해 판단하는 행위로서 이전 단계의 모든 활동 영역이 전제되어야만 가능한 인지 단계다.

이러한 여섯 개의 단계는 위계적 단계로서 인식되며, 나중으로 갈수록 고차적이고 복잡화된 단계로 생각되고, 고차 단계의 인식은 직전까지의 저차 단계들의 사고 기술이나 행동 능력(역량)을 필요로 한다.

다음으로 블룸과 크레쏘올(Krethwhol)은 인지적 영역과 구별되는 정의적 혹은 감성적 영역을 제기하고 있다. 그들은 정의적 영역의 문제를 정서적 느낌의 상태, 학습에 대한 수용도와 연관하여 파악하고 있는데, 가치관이나 행동을 결정하는 데 핵심적인 태도나 신념, 원칙 등에 대한 위계적 내재화 메커니즘으로 구성된다.

첫째 '수용'은 자발적으로 참여하고 학생이 호기심을 갖고 자발적으로 참여하도록 하는 단계이며, 둘째 '반응'은 외적 자극을 받아들이고, 자극과의 상호작용을 통해서 활동에 참여하는 희열을 느끼는 단계다. 세 번째 단계는 가치 부여의 단계로서 대상, 행위에 가치를 부여하여 강한 관여와 행동을 일으키는 단계다. 네 번째 단계는 조직 단계로서 가치가 내적으로 연결되고 하나의 가치 체계로 이어진다. 다섯 번째 단계는 가치의 내면화로서 일관된 가치 체계를 갖기 위해 노력하는 단계다. 여기에서 스스로의 인생에 대한 철학적 관점이나 인생관, 가치관이 분명하게 나타난다. 마지막 영역은 소위 실천적(심동적) 영역이다. 여기에는 지각, 준비, 지도된 반응, 기능(기교, 기술), 복합적 대외 반응, 적응, 독창성 등의 단계가 존재한다.

한편 크레쏘올 등 블룸의 후계자들은 2002년에 지금까지 분류학이 가졌던 인지 과정 분류의 일차원적인 한계와 지식의 창의적인 재구성에 대한 맹목(盲目)을 극복하기 위하여 블룸 분류학에 대한 '수정(revision)'을 시도한다.[2] 그들은 이전에 다섯 번째 인지 단계로 제시했던 '종합'의 단계를 없애는 대신에, 마지

---

2 크레쏘올 등에 의해 진화한 행태주의 교육관은 미래형 교육의 창의성 담론과 지식의 다차원성에 적응, 진화하면서 '창안'의 단계를 포함하는 등 복잡한 체계로 성장했다.

표 행태주의의 교육 목표: 블룸 분류학의 혁신

지식차원	인지 과정 차원					
A. 사실적 지식	1. 기억하다	2. 이해하다	3. 적용하다	4. 분석하다	5. 평가하다	6. 창안하다
B. 개념적 지식						
C. 절차적 지식						
D. 메타인지지식						

막 최고의 인지 단계로서 '창안'을 제시하고 있다. 나아가 하나의 지식 정보 차원으로 제한되어 있던 인식의 텍스트 혹은 콘텐츠에 대해서도 사실적 지식, 개념적 지식, 절차적 지식, 메타인지 지식으로 위계적 세분화를 꾀하고 있다. 이러한 변화는 1990년대와 2000년대 교육 개혁의 과정을 통해서 교육과 창의성 담론, 그리고 지식의 다차원과 총체적 성격에 대한 집중 조망의 관점이 새로 반영된 결과다. 즉 전통적 '지식 교육'의 과학적 전이를 중심으로 하는 블룸의 교육 과정론의 체계가 이른바 미래형 교육의 창의성 담론과 지식의 다차원성에 적응, 진화하는 과정인 것이다. 이러한 진화 과정을 통해서 블룸의 교육 목표 분류학은 현대적인 과제 설정을 포함해 훨씬 복잡한 체계로 성장하게 되었다.

행태주의적 교육 목표 분류학의 가장 큰 특징은 '과학적인' 목표 설정을 위해서 원래 종합적으로 전개, 발전하는 통합적 사고의 기능적 측면들을 수평적, 수직적으로 분절화—이것이 이른바 분류다—시키고, 이를 위계화하여 가시적이고 측정 가능한 목표 체계로 제시한 데 있다.

첫째, 분류학은 인지, 정서(정의), 실천(심동)이라는 세계의 생각 영역을 분리하고, 이들을 각각 다른 차원에서 정의하여 이들 사이의 외적 상호작용이 이루어지는 것으로 상정하고 있다. 이러한 목표 영역 설정은 물론 과거 '지식 암기'에 기초한 전통적인 자본주의적 노동력 육성이라는 관점에서 벗어나서 사고 혹은 생각의 다양한 측면을 교육에 반영시키려 했다는 점에서는 매우 긍정적이었다.

이는 뇌과학의 암묵적 전제 아래 다중적 지능 논리를 전개했던 하워드 가드너가 총체적 사고 영역을 기능적으로 분절화하고, 그것들 사이 외적 연계—이른바 프로파일링이라는 이름으로—만 강조한 것에서도 그대로 반복된다. 여기에서 한 가지 지적할 수 있는 점은 위에서 제시한 세 가지 목표 영역은 종합적 사고의 외적인 표현 형태이자 기능이지 사고, 즉 총체성을 갖는 생각 그 자체가 아니라는 것이다. 따라서 생각, 사고 기능의 분절화는 필연적으로 구체적인 자기 생각과 판단—즉 세계에 대한 자신의 이성과 통찰, 상상이 작동하는—이 빠져버린 교육 영역의 설정을 낳게 되고, 특히 목표 영역의 핵심인 인지 영역에서 사상 없는 단순한 지식의 암기와 응용을 핵심으로 하는 분절화된 지식 교육을 일반화하게 된다.

이러한 상황은 '공부'의 본질이 무엇인지, 그리고 그 '공부'를 통해서 어떠한 '생각'을 종합적으로 키워야 하는지에 대한 대답을 할 수 없게 만든다. 대신에 '공부'란 세 영역의 생각의 기능적 측면을 기술(skill)로 받아들이고, 이를 어떻게 발전시켜갈 것인지가 초점으로 부상한다. 여기에서 한 가지 지적해둘 부분은 생각의 기능들을 각각 기술적으로 성장시키고 이를 균형 있게 외적으로 연계시키려 하더라도 총체적인 사고를 갖는 지성인은 키워지지 않는다는 사실이다.

둘째, 인지 영역과 감성 영역의 기능을 수준별로—고차와 저차로—분절해 위계성을 부여하고, 단계적 '수준별' 교육이 필요하다는 논리를 전개하고 있다. 가령 '지식 기억', '이해', '적용', '분석', '평가', '창안' 등의 사고의 단계를 구별하고, 사고의 고차 기능과 저차 기능을 분절화하여, 저차 사고—기억과 이해, 적용 등—에서는 '생각'과 무관한 단편적 지식 교육, 개념 교육의 필요성을 인정하고 있다. 이러한 점에서 공교육의 '일반 학생'들에 대해서는 고차 사고인 '평가'와 '창안'과 무관한 평범한 지식 교육을 정당화한다. 이렇게 되면 보편적 공교육은 이른바 중간 혹은 그 이하 수준의 지식 교육을 기초로 한 자본주의적 기능인의 육성을 지향하는 것이지만, 지식 교육에서 사실상 '생각'이 빠짐으로써 올바른 지성의 발전 경로를 외면하고 있다. 이러한 인식은 사실 사고의 수직적 총체성이라는 관점과는 상반된다. 생각의 과정은 저차 사고에서 고차 사고로 이르는 이른바 지적 발전의 상향 과정뿐만 아니라, '낮은 수준'의 사고도 이른바 높은 수준의 생각의 틀과 더불어 발전할 수밖에 없다는 지적 발전의 하향 과정이 동시 발생하는 통합적 과정이다. 이러한 점에서 기초 교육과 기본 교육, 그리고 고차 교육을 구별하고 그에 따라 교육 목표를 도식적으로 분류한다는 것은 학생들의 사고 발전을 교육 학자들의 행태주의적 틀에 가두는 결과를 가져온다. 거꾸로 창의지성교육의 관점에서는 '낮은 수준'의 기초 교육이라 할지라도 '생각'을 성장시키는 교육과 분절될 수 없으며, 이른바 추상도와 창의적 정도가 높은 사고라고 할지라도 그러한 교육은 반드시 구체적이고 상대적으로 '낮은 차원'의 '지식'의 재구성을 전제로 할 수밖에 없다. 따라서 이른바 '낮은 차원'의 지식을 습득하는 과정도 전체로서 생각을 성장시키는 교육과 분리될 수 없으며, 도리어 생각키우기 교육의 일부분으로 설계되어야만 정당한 교육 효과를 낼 수 있다.

2) 다중 지능설

행태주의 교육 과정론이 2000년대에 들어 창의성, 지식의 다차원성을 중심으로 재구성을 모색했던 것과 마찬가지로, 현대 교육 과정론에 인간의 다양성, 주체성, 능동성을 추가한 또 다른 교육 담론들이 제기되었다. 여기에는 하워드 가드너의 다중 지능설(多重知能説)과 구미 선진 지역에서 제기되고 있는 역량 기반 교육관이 포함된다. 그러나 이들 논의 또한 교육의 본질인 생각의 성장 그 자체보다는 생각의 표현 형태 혹은 기능, 구체적 행동 요소로 귀착하는 가시적이고 조작가능한 목표에 초점을 맞추고 있고, 지식주의나 행태주의 교육론의 한계를 벗어나지 못하고 있다.

　가드너의 다중 지능설은 종래의 단순한 인지·지식 중심의 지능론(intelligence quotient, IQ)에 반기를 들면서 인간에게 여타 다양한 종류의 지능이 존재함을 강조하고 있다.[3] 가드너는 뇌과학의 연구 성과에 기반하여, 인간 지능을 영역적으로 구분하고, 생물학적 진화가능한 7가지의 지능 영역을 주장했다. 그러나 그는 이렇듯 다양한 지능들은 상호작용이나 교환이 불가하며, 개인별 지능의 다양성은 이 지능들의 다양한 조합(profile)으로 나타난다고 주장하고 있다. 그리고 이 프로파일의 유형은 하나의 지능으로 집약되는 '레이저형'이나 몇 가지 지능의 연계형인 '스폿라잇형'으로 구별된다고 한다. 다중 지능설은 교육 과정에 대해 다양한 지능과 수월성을 인정함으로써 종래 단선적인 지식 교육의 한계를 극복하려 했다는 점에서 참신한 충격을 주었다.

한편 여기에서 다중 지능설이 '지성(intellect)'이 아니라 '지능(intelligence)'에 초점을 맞추어 그 '지능'이 분절화되고 다양한 형태로 존재함을 강조함에 주목할 필요가 있다. 나중에 가드너의 관심이 자기 비판을 통해 '마음(mind)'으로 확대되기는 했지만, 다중 지능론은 여전히 총체적이고 종합적인 '생각' 혹은 '사고'가 아니라, 그것들의 다양한 기능인 지능에 초점을 맞추고 있다. 그리고 이들 지능은 뇌과학의 교훈대로 상호 교환되지 않는다. 이러한 점에서 가드너의 실천적인 관점은 강점이 있는 지능을 우선 강화시켜서 이른바 기능적 '영재 교육'으로 향하든지,

---

3   가드너, 2007.

아니면 다양한 지능을 배려하는 균형적 프로파일을 형성하여 '다능적' 인간을 지향하든지 둘 중의 하나일 것이다.

그런데 문제는 가드너의 다중 지능설이 지향하는 인간형이다. 스스로의 상상력과 이성을 중심으로 하여 자기 생각을 갖고 있는 독립적이고 민주적인 시민—그리고 결과적으로 다양한 기능적 가능성을 스스로 발전시켜갈 수 있는—으로서 필요한 종합적인 지향성은 불분명한 반면, 이른바 '21세기형 인재'에 대한 강조가 중요하게 돋보인다. 이는 21세기의 '미래형' 자본주의, 즉 후기자본주의 혹은 탈산업 사회에 잘 적응할 수 있는 다양한 '지능'의 인력을 육성하는 것을 의미한다. 즉 다중 지능설 또한 행태주의와 비슷하게 종합적이고 총체적인 생각의 구조에 대해 논의하고 있지 않으며, 나아가 다양한 지능(기능)의 집중적 연마 혹은 모자이크형 조합 육성에 따라 현대 자본주의에 다능적(多能的)으로 적응가능한 인간형—즉 포스트포디즘에 적합한 인간형—의 육성에 초점을 맞추고 있다고 할 수 있다.

3) 역량 기반 교육

다중 지능설과 더불어 21세기의 교육론으로 관심을 모으고 있는 교육론이 역량 기반 교육관이다. 역량 기반 교육관은 학문 중심 교육 과정을 비판하면서 사회적 맥락에서 성공적인 삶을 영위하는 데 요구되는 기본 능력, 즉 역량(competence)을 중심으로 교육을 재정의하고 있다. '역량'은 구체적인 요구를 성공적으로 수행하기 위해 필요한 인간 자질의 복합적인 측면, 즉 동기, 윤리, 의지와 같은 인지·사회적 요소를 모두 포함한다.

역량 기반 교육관은 지식 전이(轉移)를 중심으로 하는 전통적 교육론에 대한 두 가지 비판적 함의를 갖고 있다. 첫째는 정형화된 지식에 대한 지식론의 비판으로 실용적으로 필요한 지식을 실제적으로 구성할 수 있다는 '응용 지식'의 관점이며, 둘째는 행태주의적 교육론이 갖고 있는 지식 혹은 인지의 위계적 분절화 가능성과 단계적 학습론에 대한 비판적 관점이다. 이 두 가지 이유로 역량 기반 교육관은 종래의 학교 교육에 대해 획기적인 대안이 될 수 있는 것으로 받아들여지고 있다.

역량을 강조하는 교육론은 OECD(2016)는 물론, 우리 나라의 교육계에도 커다란 관심을 끌고 있다. OECD는 주체적 관점에서 집단적으로 지식과 기술을 적용, 활용할 수 있는 능력을 성공적으로 삶을 살 수 있는 역량으로 정의하고 있다. 이러한 점에서 역량 기반 교육론은 개인의 주체적 측면과 집단적·협력적 측면이라는 삶의 요소를 중요하게 강조한다. 그러나 역량의 핵심 영역에는 교과서나 인터넷 등에 존재하는 분절적·정보적 지식(개념), 그리고 기술을 전제로 하여 이것을 활용하고 변형해서 적용할 수 있는 능력을 위치지우고 있다.

한국교육개발원도 〈표 IV-1〉과 같이 교육 목표에 반영할 핵

표 Ⅳ-1   OECD의 핵심 역량 분류

역량 범주	핵심 역량
도구를 상호적으로 사용하는 능력	언어, 상징, 그리고 텍스트를 상호적으로 활용하는 능력
	지식과 정보를 상호적으로 활용하는 능력
	기술을 상호적으로 활용하는 능력
이질적 집단에서 상호작용하는 능력	타인들과 관계를 잘 맺는 능력
	팀에서 협동하고 협력할 수 있는 능력
	갈등을 관리하고 해결하는 능력
자율적으로 행동하는 능력	넓은 시각에서 행동하는 능력
	인생 계획과 개인적 과제를 설정하고 실행하는 능력
	권리, 관심, 한계와 요구를 옹호하고 주장하는 능력

심 역량을 제시하고 있다.[4] 교육개발원의 핵심 역량은 전통적인 기초 학력(3Rs), 정보화 활용 능력, 사회적 자본 능력—'시민 의식'이라고 표현하고 있지만, 사실은 인간자본의 한 유형으로 간주된다—, 직업능력 등으로 요약되는데, 종래 교과서적 지식 혹은 기술의 점진적 확장, 그리고 직업 능력 및 인적 자본(human capital)의 강화라는 실용적 역량을 중심에 두고 있다. 교육개발원의 역량론은 OECD가 사회적, 인간적 삶의 영역을 유연하게 흡수하는 것에 비해, '기초 지식', '정보 지식'의 활용, 직업 역량과 인적 자본의 강화라는 기능적, 실용적 문제의식에 크게 치우쳐 있다.

역량 기반 교육관에서 역량이란 궁극적으로 변화하는 상황

---

4   한국교육개발원, 2013.

표 Ⅳ-2   교육개발원의 핵심 역량 분류

핵심 역량	정의	하위 영역
기초 문해력	읽기, 쓰기, 셈하기로서 모든 학습과 이를 통해 육성되는 여타의 주요 능력 신장을 위해 기초적으로 요구되는 능력	읽기, 쓰기, 셈하기
핵심 능력 (key skills)	지식정보화 사회로의 전환에 따라 새롭게 요구되는 능력으로 핵심 능력은 사회 변화에 따라 그 내용과 수준이 변화될 수 있음	정보화 기기 사용 능력, 정보 지식 획득 및 숙지 능력, 문제해결력, 자기 주도적 학습 능력
시민 의식	사회적 자본의 육성을 위한 태도 요인	도덕성, 질서 의식, 책임감, 직업 윤리 의식 등
직업 특수 능력	직업 특수 능력 직업이나 직종에서 요구되는 특수 직무 능력을 의미함	특정한 직업을 수행에 요구되는 지식, 기술, 태도 요인을 포함하는 직무 수행 능력

이나 직무에 대해 효과적이고 성공적으로 대응을 할 수 있는 복합적 지식과 기술, 태도를 의미한다. 이는 단순한 지식 전이 교육이나 행태주의 교육론에 대해 부분적으로 비판적 요소를 갖고 있지만, 두 가지 전통적 교육의 흐름의 한계를 뛰어넘는 것은 아니다. 역량 기반 교육관은 현대 교육의 근본적인 혁신(up-grade)과 교육의 본질적 재구성을 위한 성찰의 결과였다기보다는 신자유주의적 세계화, 정보화, 그리고 탈냉전과 세계 질서의 불안정한 해체 속에서 생긴 새로운 자본주의 상황에 합당한 인력을 육성하려는 지극히 실용적인 필요성의 결과로 제기되었기 때문이다. 역량 기반 교육설이 직업 교육 분야에서 처음 제기되었다는 점은 교육 개혁에 대한 실용주의적 제약성을 분명히 보

여주고 있다.

역량 기반 교육관이 내포하고 있는 '역량' 개념 역시 제한적이다. '역량'은 지식이나 기능을 과제 수행이라는 실용적 맥락에서 잘 동원하고 적절하게 재구성을 할 수 있으며 이를 평가하고 피드백을 줄 수 있는 능력으로 규정한다. 달리 말하자면 역량이란 맥락에 적합한 자원의 동원 능력, 자원의 전략적 구성 능력, 평가와 피드백 능력으로 요약된다. 크레쏘올 등의 행태주의적인 용어로 표현하자면, 역량은 사실적 지식과 개념적 지식―이미 교과 등에서 정보 지식으로 주어진―을 내용으로 하지만 기억, 이해, 적용의 과정이 상황 맥락 속에서 전략적으로 재구성된 것이다. 즉 역량은 단순한 지식과 개념을 상황적 맥락에서 역동적이고 전략적으로 재구성할 수 있는 능력이다. '지식의 전략적 사용 능력'은 본질적으로는 기능주의적인 지식 운영 능력을 의미하며, 이는 인문학적이고 사회과학적 맥락에서 발생·발전할 수 있는 총체적인 '생각'의 한 부분이다. 즉 생각이 상상, 이성, 감성, 경험–실험적 사고 등을 포괄하는 인문학적 실체라면, 역량이란 진화되고 확장되어가는 '생업 능력', 혹은 이를 위한 기능적 지식의 총체다.

역량 기반 교육설은 실용적인 지식 구성과 상황 적용 능력을 강조하는 포스트포디즘의 다능(多能)적 지식, 기술관과 일치한다. 즉 전략적 판단이라는 창의성 요소가 곁들여지는 현장 지향형 지식 응용 교육이 역량 중심 교육설인 것이다. 가령 역량 중심 교육관은 사회주의 초기 국면에 크루프스카야가 실용적 창의성을 발휘하는 '사회주의적 과학기술 노동자'를 육성하기 위해 제창했던 '종합기술학교'의 문제의식과도 흡사한데, 이러한 점에서 역량 기반 교육설은 '지식 교육'이든, '학습자 중심 교육'이든 외적 환경 변화에 둔감한 교육 과정을 변화시켜서 신자유주의와 정보화 등 급변하는 자본주의 상황에 잘 적응하는 경쟁력 갖춘 인적 자본을 육성하는 데 목적이 있다.

2. 창의지성교육 과정

창의지성교육은 지성 교육, 즉 생각을 키우는 교육을 통해 창의적인 인재를 육성하고자 하는 것이다. 즉 자신의 사고를 키우는 비판적 사고를 통해 각자 고유한 통합적 사고(자기 생각)를 형성함으로써 창의적이며 독립적인 민주 시민을 양성하려는 것이다.

창의지성교육은 통찰력과 상상력, 기획 능력, 민주 시민 자질 등의 종합적(총체적) 생각을 균형 있게 구비한 창의적 민주 시민의 육성을 지향한다. 따라서 이 창의적 민주 시민의 육성이야말로 창의지성교육의 가장 높은 차원의 비전이라고 할 수 있다. 이 창의적 민주 시민이 갖추어야 할 세 가지 핵심 요소는 개별화되거나 분절될 수 없으며, 총체적·통합적으로 발전해가야 할 '생각'의 한 측면으로 간주해야 한다. 그러나 이 통합성을 전제로 하면서도 각각의 요소들은 상대적으로 구별될 수 있으며, 이를 전제로 창의지성교육의 지향이 설정될 수 있고, 이에 따라 교수 요목의 체계가 결정될 수 있다.

요컨대 각각의 핵심 요소들은 각각의 구조에 따르는 하위 영역을 갖고 있다. 이들은 구조나 영역에 따라 보다 구체화된 교육 목적과 목표 체계들을 가진다. 교사들과 학생들은 교과목과 교육 과정상의 구체적인 단원에 따라 해당 영역과 문제 측면에 걸맞게 디자인된 목적과 목표의 체계를 만나야 한다. 그리고 이러한 교육 과정 전체의 목적과 목표 체계는 궁극적으로 창의적 민주 시민 육성이라는 비전이 충족되도록 통합적으로 설계되어야 한다. 앞에 살펴본 텍스트 구성과 창의지성교육의 비판적 사고 과정, 즉 독자적인 통합적 생각의 형성을 통해 각각의 핵심 요소별로 설정 가능한 목적과 목표 체계는 다음과 같다.

1) 통찰적이고 창의적인 사고

창의지성교육 과정의 목적 체계는 지식의 텍스트와 인지 전략 모두 행태주의적 교육관과는 본질적으로 다르다. 우선 지식관에 대해서 전통적 행태주의 교육관이나 응용적 행태주의 교육관은 이른바 교과서적 혹은 정보형, 기능형의 지식 체계를 전제하고 서 이를 상향적 인식(기억, 이해, 적용, 분석, 평가, 창안 등)으로 이끌어가거나, 상황 맥락에 맞게 전략적으로 적용하여 재구성하는 과정으로 이해한다. 이러한 점에서 지식 그 자체는 이미 기억되고 이해되어야 할 것으로, 즉 '받아들여야 할' 정형화된 지식, 행태주의적 표현으로는 사실적 지식과 개념적 지식으로 주어진 것이다.

창의지성교육의 지식 텍스트는 동서고금의 명저나 역사적 문화예술 작품, 그리고 경험과 체험, 실천이라는 차원, 즉 역사적인 지적·문화적 자산과 살아 있는 삶을 모두 포괄한다. 따라서 창의지성교육이 추구하는 지식은 행태주의에서 말하는 네 차원의 지식(사실적, 개념적, 절차적, 메타적 지식) 모두를 유기적으로 결합하고 있을 뿐만 아니라, 지식 텍스트의 학습으로 얻게 되는 높은 단계의 통찰적 지식과 탐구적 지식을 모두 포괄한다. 정형화된 지식을 부분적 혹은 단계적으로 받아들여서 수정하거나 적용하기보다는 지식 텍스트 그 자체의 내용과 구조, 스토리와 방법론, 개념과 철학 등에 대한 종합적 수용과 해석에 기초하여 자신의 논리와 입장을 재구성하는 통찰적이고 창의적인 사고가 중심이 된다.

이 과정은 텍스트들이 갖고 있는 종합적 지식 내용을 전제로 하고 그 하위 지식 체계들을 충분히 점검하면서도, 상상력과 통찰력, 기획 능력, 시민 자질 등의 핵심 요소와 연관된 자신의 종합적 생각을 성장시키는 과정이다. 행태주의자들이 말하는 지식의 암기, 이해, 적용가능성과 방법에 대해서도 창의지성교육은 살아 있는 지적 텍스트 속에서 이를 충분히 배려하고 있다. 따라서 하위 지식 체계의 습득과 응용은 당연히 이 중심 목적이 충족되면서 동시에 이루어지거나, 아니면 이 목적 충족의 결과로서 보다 체계적으로 주어진다.

2) 비판적 사고와 텍스트의 재구성

창의지성교육의 지성(생각) 계발 전략은 정형화된 지식의 단계적 성장이나 적용(응용)이 아니라, 비판적 사고 전략이다. 창의지성교육에서 생각을 키우는 공부는 텍스트의 내용만을 분절적 지식으로 재구성하는 것이 아니라, 텍스트의 내용을 분석과 종합을 통해 정확히 이해하고 판단하되, 궁극적으로는 자신의 생각을 세우고 텍스트의 논점을 자기 관점에서 재구성하는 것이 목적이다. 이러한 점에서 창의지성교육은 텍스트와의 긴장도—텍스트의 내용과 철학, 의도 등에 대해 정확히 파악하고, 판단, 평가하는 것이 필요하다—를 잃지 않으면서, 그 위에서 자기 생각을 근거지우는 것이 중요하다. 주어진 텍스트와 그로부터 발생한 자신의 일차적인 생각을 무비판적으로 용인해버리기보다는 비판적 사고를 통한 자기 생각으로의 재구성이 목적이다. 이

과정은 텍스트들이 갖고 있는 종합적 지식 내용을 전제로 하고
서 그 하위 지식 체계들을 충분히 점검—가령 행태주의자들이
말하는 지식의 암기, 이해, 적용가능성과 방법에 대해서도 창의
지성교육은 살아 있는 지적 텍스트 속에서 이를 충분히 배려할
수 있다—하면서도, 상상력과 통찰력, 논리력, 기획 능력, 시민
자질 등의 교육 비전과 연관된 자신의 종합적 생각을 성장시키
는 것이 기본 목적이다. 따라서 하위 지식 체계의 습득과 응용의
문제는 당연히 이 중심적 목적이 충족되면서 동시에 이루어지든
지, 아니면 이 목적 충족의 결과로서 보다 체계적으로 주어지는
것이다.

나아가 비판적 사고 전략은 역량이나 지능과 같은 생각의 분
절화된 기능적 요소들을 연계 혹은 외적으로 통합함으로써 본질
적인 교육의 비전을 달성할 수 있다고 보지 않는다. 흔히 행태주
의, 다중 지능설, 역량 중심 교육관은 인지, 정의, 실천 영역 등
생각의 다양한 가능적 차원을 분절화하고 이를 독립적으로 추구
하면 궁극적으로 통합적 결과가 초래될 것이라고 전제한다. 그
러나 창의지성교육은 이러한 생각의 다양한 기능적 측면 혹은
외적 표현 형태들은 관념적 범주로서 명백히 구별되어야 하나,
생각이라는 총체성의 구조 속에서 통합된다고 보고 있다. 가령
사고는 감성과 이성이 상호의존적으로 통합된 체계이자, 통찰적
(직관적) 사고와 경험적–실험적 사고가 상호의존적으로 통합된
체계이며, 때로는 인식과 사회성이 상호의존적으로 통합된 체계

다. 따라서 인간의 사고와 삶이 총체적으로 성장하는 것은 생각의 기능적 단면들을 각기 자극하여 성장하도록 하고 이들을 외적으로 연계함으로써 가능한 것이 아니라, 통찰과 상상력, 기획능력, 시민 자질의 비전을 통해 스스로의 생각을 성장시키고 이것의 다양한 기능적 측면들이 상호침투하고 상호의존적인 방향에서 균형 있게 성장할 수 있도록 설계할 필요가 있다.

3) 국가 수준 교육 과정과 창의지성교육 과정

국가 교육 과정과 창의지성교육 과정은 현재의 교육법 체계상 정합적이어야 한다. 이는 교육 과정 재구성의 문제의식과 관련하여 중요한 출발점이다. 그런데 '정합적'이라고 하면, 다음 두 가지를 의미할 것이다. 창의지성교육 과정이란 첫째, 국가 교육 과정의 재편성이거나, 둘째, 국가 교육 과정을 보완하는 하위 범주의 (지역적) 교육 과정일 수밖에 없을 것이다.

그러나 창의지성교육은 국가 수준의 교육 과정이 담보하지 못하는 '생각의 구조'와 '독립적 민주 시민'의 비전을 담보하고 있다. 창의지성교육의 인간상은 후기 산업 사회에 적합한 인력, 혹은 노동력이라는 관점을 넘어서서 보다 보편적이며 독립적인 인재를 지향한다. 즉 세계에 대한 통찰적-과학적 인식을 기초로 하여 사회, 자연, 삶에 대한 독립적인 기획(발전) 능력을 갖추고,

보다 본질적인 민주적 사회(공동체)를 추구하는 시민인 것이다. 그런 점에서 창의지성교육은 명료한 언어를 통해, 독립적, 민주적인 자유 시민(인간)의 육성이라는 보다 본질적인 교육 비전과 이상을 제시하고 있다. 즉 창의지성교육 과정은 대한민국 국민이라면 반드시 체현해야 하는 국가적 교육 목적의 체계(국가 교육 과정의 기본 콘텐츠) 위에서 이를 존중하면서도, 그것이 가질 수밖에 없는 불균등성과 약점을 넘어서고자 한다.

현행 국가 교육 과정과 창의지성교육 과정은 현재 상호보완적이라고 할 수 있지만, 미래 국가 교육 과정의 창의지성적 완성을 위한 일종의 '모순적 발전 동인'을 내포한 관계라고 할 수 있다. 따라서 창의지성교육의 관점에서 국가 교육 과정의 재구성의 방향은 국가 교육 과정의 법적 기초를 존중하고 교육의 기반이 되는 교육 목표를 공유하면서도, 국가 교육 과정 요목의 통합과 집중, 취사선택을 추구하고, 국가 교육 과정이 충족시키지 못하는 부분에 창의지성교육의 비전을 결합시켜 풍부하게 만드는 것이어야 한다. 창의지성교육 과정은 국가 교육 과정을 충족하면서도 창의지성교육 과정을 통한 국가 교육 과정의 발전적인 성장/전화를 촉진하고자 한다. 초기에는 국가 교육 과정의 틀을 보완하는 재구성으로 출발하여 전체 교육 과정의 교과목/교수요목의 재구성으로 확대해나가면서 창의지성교육 과정의 주도적 측면을 강화해나가도록 해야 한다.

이를 위해서는 학생들과 공유할 핵심 단원과 질문을 명확히 통합, 취사선택하고, 교수 요목을 보다 유연화하고 구체화해야 한다. 나아가 교과목별 단원 구성과 교수 요목에 따르는 명저들을 엄선하고, 학교-학년-과목 단위의 명저 목록을 취합할 필요가 있다. 이에 따라 학교별로 교수 요목들에 따르는 연간 독서 계획과 사전 지도 계획을 가질 수 있다. 나아가 예술 명작들의 맥락적 감상을 위한 체계를 구축해야 한다. 여기에는 박물관, 미술관, 과학관들을 연계하는 네트워크와 해외 박물관 사이버 감상 프로그램 등이 중요한 역할을 할 수 있다. 나아가 명작의 입체적 감상을 위한 해설 체계 역시 중요하다고 할 수 있다. 창의 체험 활동 역시 재구성되어야 한다. 창의 체험 활동이 추상적이고 독립적으로 존재하는 것이 아니라, 교과목과 결합된 체계적인 질문과 맥락을 가진 다양한 체험 활동으로 재구성되어야 한다.

수업 또한 보다 근본적인 변화가 필요하다. 수업은 아이들의 광범위한 독서 위에서 설계되고, 다양한 체험(명작 감상과 경험) 활동과 통합되어야 한다. 수업은 독서와 감상/경험을 통합하고 매개하는 역할을 수행하면서 본질적인 배움에 집중해야 한다. 질문하고, 아이들의 사고와 표현을 유도하며, 공통 과제와 질문을 중심으로 토론과 사고의 발전을 꾀하는 비판적 사고의 장이 바로 수업이 될 것이다. 수업 시간에 아이들은 인류의 역사가 만들어놓은 지혜의 바다와 자신의 삶(경험과 실천)을 연계지으면서 보다 큰 생각을 키우게 될 것이다.

3. 창의지성교육 과정의 교육 목표

생각 중심의 창의지성교육을 교육 과정의 체계로 재구조화하기 위한 교육의 비전과 목적, 그리고 목표의 체계는 어떻게 구체화될 것인가? 창의지성교육은 통찰력과 상상력, 기획 능력, 민주 시민 자질을 균형 있게 갖춘 새로운 시대의 창의적 시민을 육성하는 것을 목표로 한다. 이 비전을 실현하기 위해서는 통찰적 사고와 경험적-실험적 사고가 총화되고, 감성과 이성이 어우러지는 통합적 생각을 성장시키는 과정, 즉 비판적 사고를 키우는 과정에서 충족되어야 하는 다양한 '목적'(핵심 요소)들이 중요하다. 한편 이 '목적'을 달성함에 있어서 전략적인 경과 지점들, 즉 구체적 '목표'들이 설정될 수 있다. 가령 통찰과 상상력이라는 목적(인간상의 핵심 요소)에는 직관, 미적 영감, 구조적-전체적 사고, 본질 인식, 그리고 기획 능력에는 문제 발견, 분석 능력, 문제 정의 능력, 해결수단 동원 능력, 문제 해결에 대한 사회적 조직력, 나아가 민주적 시민 자질에는 역사적, 사회적 책무성, 자기 표현 능력 및 소통 능력, 정체성 등의 목표 요소들이 포함될 수 있다.

그러나 이 목표들은 행태주의나 역량론과 달리, 가시적이고 측정가능한 기능적인 수단이 아니라, 목적으로 향해 나가는 경로의 본질적 구성 부분을 의미한다. 결국 창의지성교육에서는 목표가 비전 및 목적과 직접적으로 연결되어 있고, 반드시 가시적 행동으로 '조작화'되어야 한다고는 보지 않는다. 더구나 평면적으로 조작(측정가능한)되는 몇 가지 행동—지식의 인식, 이해, 적용 등—만으로 학업 성취 여부를 판단하는 것은 교육의 본질을 흩트릴 수 있다고 본다. 특히 가시적이고 조작가능한 교과 목표로 간주되는 '지식(개념)'의 습득, 이해, 적용은 그 자체가 본질적 의미를 갖는다기보다 창의지성교육의 비전과 목적을 달성하는 하위 요소일 뿐이다.

1) 분절된 교육 목표와 평가의 물신화를 넘어서

앞서 말했지만 창의지성교육은 통찰력과 상상력, 기획 능력, 민주 시민 자질을 균형 있게 갖춘 새로운 시대의 창의적 인재(시민)를 육성하는 것이 '비전'이다. 이러한 비전으로 이어지기 위해서는 통찰적 사고와 경험적, 실험적 사고가 총화되고, 감성과 이성이 어우러지는 총체적 생각을 성장시키는 것, 즉 비판적 사고를 키우는 '목적'이 아주 중요하다.

한편 이 '목적'을 수행함에 있어서 구체적 '목표적 요소'들, 즉 목적으로 인도되는 '목적 지향점'들이 제기될 수 있다. 가령 통찰력과 상상이라는 목적 요소들에는 직관, 미적 영감, 구조적-전체적 사고, 본질 인식, 그리고 기획 능력에는 문제 발견,

분석 능력, 정의 능력, 해결수단 동원 능력, 문제에 대한 인적 호
소력, 나아가 민주적 시민 자질에는 역사적, 사회적 책무성, 자
기 표현 능력 및 소통 능력, 정체성 등의 목표 요소들이 포함될
수 있다. 그러나 이러한 목표들 또한 행태주의나 역량론과는 달
리, 가시적이고 측정가능한, 즉 즉물적(卽物的)이고 기능적인
수단이 아니라 목적 요소들의 본질적 구성 부분을 의미한다. 이
러한 점에서 창의지성교육의 비전과 목적, 목표는 비전과 목적
이 중심이 되어 목표를 직접적으로 규정하지만, 목표가 반드시
가시적 행동으로 '조작화'되어야 한다는 점에 동의하지 않으며,
더구나 평면적으로 조작화된 몇 가지 행동—지식의 인식, 이해,
적용 등—으로 학업 성취 여부를 판단하는 것은 교육의 본질을
훼손할 수 있다고 본다. 특히 가시적이고 조작가능한 교과 목표
로 간주된 '지식(개념)'의 습득, 이해, 적용은 그 자체가 핵심적
의미를 갖는다기보다는 창의지성교육의 비전과 목적을 달성하
는 하위 기반 요소일 뿐이다.

2) 통합되고 총체적인 생각의 성장

창의지성교육의 비전, 목적, 목표 사이의 관계는 목표의 달성을
통해 목적과 비전에 이를 것이라는 소위 상향적-단계적 연계 방
식—따라서 학생들이 주어진 단기적 목표들을 충족하면 결과적

으로 목적과 비전이 성취될 것이라고 간주하는 단계적 방식―을 피한다. 창의지성교육의 교육 과정은 이와는 거꾸로 비전과 목적의 체계 속에서 단기적인 목표를 위치지우고, 이 목표를 보다 구체적이거나 측정할 수 있는 방향으로 재구성하며, 측정가능한 목표와 비가시적 생각(비전과 목적)의 긴장된 상호작용을 놓쳐서는 안된다고 본다. 이리하여 교육 목적의 구체적 요소 혹은 측면―이는 단순한 기능과는 구별된다―을 중심으로 단기적 목표를 설정하고 제시하되, 학생들이 교육 목표들의 객관적 혹은 발전도상의 위치와 의미를 이해할 수 있도록 교사는 인도해야 한다. 단기적 목표를 징검다리로 삼지만 매시간 장기적 비전과 목적이라는 전체 체계가 그 목표를 통해서 설명되고 보다 큰 구조와 보편적 본질을 직시할 수 있도록 해야 한다. 따라서 이는 단기적 목표에 함몰되지 않고 목표들 사이의 연계 구조를 낳는 비전과 목적을 파악(발견)할 수 있도록 함으로써 통찰과 탐구, 통찰과 개념적 지식이 상호작용하도록 할 필요가 있다.

창의지성교육의 비전, 목적, 목표의 체계는 블룸에 이르러 정형화되고 현대적으로 확장된 행태주의와는 두 가지 측면에서 대조된다고 할 수 있다.

첫째, 블룸 등은 교육의 목표를 가시적이고 측정 가능한 체제로 한정함으로써 주로 교육의 기능적 측면에 초점을 맞추고 있지만, 창의지성교육은 그 본질적 측면인 통합적 생각 그 자체에 초점을 맞추며 그 통합적 체제의 보편적 일부인―따라서 부분적이지만 본질적인 측면을 포함하는—구성 요소를 교육 목표로 재구성한다. 둘째, 블룸의 교육 목적이 사실적 지식에서 추상적 지식으로, 그리고 단순한 기억에서 재구성적 창조로 '단계적으로'—'기초 학력'에서 '고등 학력'으로—성장할 수 있다고 믿지만, 창의지성교육은 거꾸로 '통합되고 총체적인 생각의 성장'이라는 목적의 달성이 중심이 되면서 하위의 실천적 목표 체계들이 통합되고 의미가 부여되는 '역전된 블룸 체계'의 구조를 보여준다.

다음 〈표 Ⅳ-3〉는 블룸 등의 수정된 교육 목표 분류를 창의지성교육의 관점에서 재구성해본 것이다.

표 Ⅳ-3   역전된 '블룸의 목표 분류학' 모델

지식 차원	인지 과정 차원					
	1.기억하다	2.이해하다	3.적용하다	4.분석하다	5.평가하다	6.창안하다
A.사실적 지식	a) (종래	e) 지식 교육)	i)			
B.개념적 지식	b) (암기	교육) f)				
C.절차적 지식	c) (역량	교육) g)	k)	창의지성	교육의	l) 비전/목적
D.메타인지 지식	d)	h)	j)			m)

- abef = 종래 지식 교육, 암기형 이해 교육
  (단순 노동력 육성 = 포디즘)
- adij = 역량 기반 교육, 적용형 실천(실용) 지식
  (다능공형 노동력 육성 = 포스트포디즘)
- kjlm = 창의지성교육의 비전/목적 영역. 이 공간의 충
  족 과정에서 역량 기반의 교육 영역은 해결을 전제로 함.
  (이성적, 합리적 시민, 자기 통제적, 기획적 실천 인간)

4. 창의지성 수업

창의지성교육에서 이루어지는 '수업'은 정해진 지식을 배우는 단순한 '배움'의 공간이 아니다. 수업은 교사와 더불어, 그리고 학생들 스스로 공부(독서, 감상, 체험, 실천)하고, 그들 스스로 성찰적으로 얻어낸 '생각'을 공동으로 견주고 확인함으로써 학생들 한명 한명의 '생각'을 향상시키는 보다 근본적인 '진리 발견'의 장이다. 따라서 창의지성교육에서 '수업'은 정태적인 '배움'보다 역동적인 '생각'에 초점이 주어진다. 이 '생각' 중심의 수업은 궁극적으로 학생 하나 하나가 진실(진리, 이치)에 보다 가깝게 다가가고자 하는 진지한 노력의 과정이며, 따라서 수업에

서는 반드시 자신의 '생각'에 대한 논리적·과학적 근거지움이 뒤따르도록 해야 한다.

기본적으로 창의지성 수업은 체계적인 독서에 기반한 교과 수업이 되어야 한다. 수업은 읽은 책을 교재로 활용하고, 다양한 체험 교육과 연계하여 현실성과 경험적 기반을 강화해야 한다. 이를 위해 또 한 가지 중요한 조건은 교과와 연동된 체험 교육 인프라다. 체험 교육의 지원 체제를 강화하여 체험 교육 프로그램과 방과후 학교에서 아이들이 보다 의미 있는 문화예술 감상, 체험, 실천의 기회를 제공받아야 한다. 나아가 학교 간에 위대한 문화예술 작품 네트워크를 연결하고, 지역별 체험 교육 지원센터와 시민 네트워크를 형성하는 것도 중요한 일이다.

다음 〈그림 IV-1〉은 독서 인프라와 체험 교육 인프라를 전제로 한 새로운 수업의 상을 보여준다. 사전에 독서가 이루어지고, 생각을 키우는 수업과 다양한 체험 활동이 체계적으로 통합된다면 집단 지성과 배움의 묘미를 만끽하는 수업이 될 것이다. 바꾸어 이제 수업은 '통찰'과 '탐구'가 어우러져서 총체로서의 생각이 성장하는 구도를 갖게 될 것이다.

교실에서 구체화되어 이루어져야 하는 창의지성 수업은 이처럼 지식의 암기를 넘어서 사물과 환경에 대한 이해와 나아가 통찰력을 키우려는 목적으로 이루어져야 한다는 점과 무엇보다도 독서의 중요성을 강조한다는 점에서 고전적 의미의 교양 교육 형태에 가깝다. 창의지성 수업은 읽기에서 출발하여 감상과

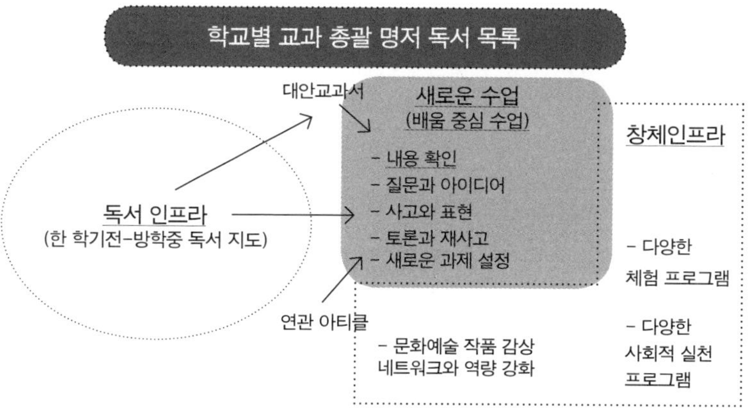

그림 Ⅳ-1　　통찰과 탐구가 어우러지는 배움 중심 수업

체험을 통해 공감하고 실천으로 이어질 수 있는 과정을 통해 정의로운 개인과 공동체를 추구하는 참된 지성인을 만들어낼 수 있다는 믿음에 기반하고 있다.

창의지성 수업이 이루어지는 공간은 정해진 지식을 배우는 단순한 배움의 공간을 넘어선다. 수업은 교사의 주도 아래 학생들 스스로 공부(독서, 감상, 체험, 실천)하고 성찰적으로 얻어낸 생각을 비교하고 확인함으로써 생각을 키워가는 진리 탐구의 장이다. 창의지성교육에서 수업은 배움에서 시작되기는 하지만, 생각 형성의 역동적인 과정이 되어야 한다. 수업에서는 반드시 자신의 생각을 논리적 주장의 형태로 전개하고, 이를 뒷받침할 수 있는 경험적 증거나 과학적 근거를 제시하려는 훈련이 지속적으로 이루어져야 한다. 이처럼 생각 중심의 창의지성 수업은 궁극적으로 교사의 면밀한 수업 계획 아래 학생 스스로가 진리에 보다 가깝게 다가가고자 하는 진지하면서도 지난한 노력의 과정이다.

창의지성 수업은 민주적 시민 육성을 위한 훈육의 장이기도 하다. 토론, 디베이트, 발표, 반론 등의 생각의 개진과 교환을 위해 민주적 규칙이 마련되어야 한다. 민주적 수업 규칙을 통해서 학생들은 스스로의 생각을 시간 제약 속에서도 정확히 개진할 수 있는 역량을 제고하여 생각을 보다 세련되고 간결하게 조직할 수 있다. 다른 사람의 견해를 존중하고 경청해야 하며, 의견의 민주적 공존 속에서 타인을 설득하는 능력을 키우게 된다. 민주적 수업 규칙은 개별적 사고의 상호작용으로 집단적 지성으로 발전되어갈 수 있는 메커니즘이기도 하다. 집단적 지성의 완성에 개별적 사고를 통해 기여하고, 또한 자신의 생각을 수정하면서 보다 진실에 가까운 지식을 얻으려는 노력을 발전시킬 수 있다. 이 점에서 수업은 스스로의 생각을 키우는 진리 추구의 장이자 공동의 생각을 형성하는 민주적 공론 형성의 장이기도 하다.

한편 창의지성 수업은 실천적 지성인, 참된 교양인을 길러내기 위해 교사가 지도하고 이끌어내는 수업 과정이다. 창의지성 수업은 지식 전수 위주의 교과 수업과는 다른 형식과 내용을 띠어야 한다. 지식과 기술을 전달하고 학생들의 이해도를 측정하던 기존의 수업 방식은 비판적 사고력을 갖춘 실천적 지성인의 육성이라는 교양 교육이라기 보다는 기능인의 양성에 최적화되었던 수업 방식이다. 기본적인 지식의 전달은 여전히 이루어져야 하겠지만, 교사의 역할은 창의지성 수업이라는 민주적 공론의 장에서 개별 학생들의 사고력을 키워주는 산파이자 진정한 교육가로 자리매김 되어야 한다.

창의지성 수업의 네 가지 텍스트는 개별적 분석력에서 통찰력, 이성적 감성적 사고를 바탕으로 실천적 사유에 도달할 수 있도록 구성된 최적의 텍스트들로써 텍스트의 구성 자체가 고전 및 명저의 읽기에서 출발하여 사회적 실천에 이르게 하는 유기적인 과정으로 이루어져 있다. 각각의 텍스트는 앞에서 언급한 사고력의 요소들과 연관된 다양한 사고 요소의 각 측면을 강조하고 있으나, 넓은 의미에서 읽기에서 시작하여 실천에 이르는 일련의 과정이 중첩되고 상호작용하고 있다는 점에서 유기적으로 연계되어 있는 텍스트다. 따라서 창의지성 수업은 창의적 지성인을 길러내려는 목표와 유리된 채 텍스트만 강조하는 수업이 되어서는 안 된다. 창의지성 수업의 교육 내용은 서로 중첩되며 상호작용하지만, 각각의 텍스트와 관련하여 다음과 같이 나누어진 과정으로 볼 수 있다.[5]

5　정하용, 2015.

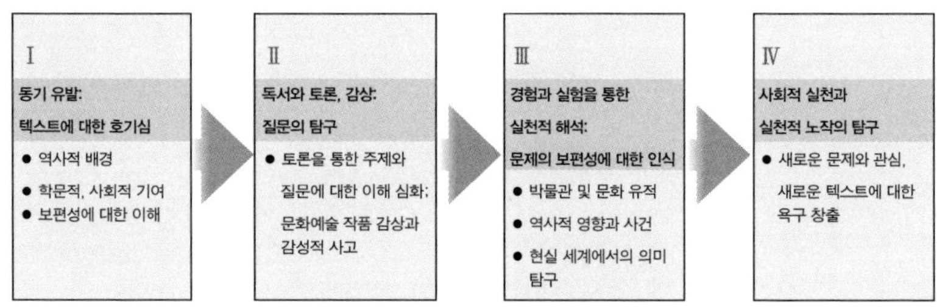

〈창의지성수업과 4-text의 구성체계〉

그림 Ⅳ-2　　　 창의지성 4-text를 활용한 창의지성 수업 과정

1) 텍스트를 읽고 느끼고 사유하는 비판적 사고 과정

창의지성교육의 내용을 이루는 핵심적 지성 교육 텍스트는 '동서고금의 명저'라고 할 수 있다. 동서고금의 명저는 문학, 역사, 철학, 자연과학과 사회과학의 고전과 현대 명저가 포함될 수 있으며, 고전 동화와 철학 동화, 그리고 아이들의 다양한 지혜를 일깨워줄 수 있는 책들이 포함될 수 있을 것이다. 동서양의 고전과 현대 명저들이야말로 인류 역사가 누적하고 발전시켜온 지식과 지혜, 사상의 보고다. 인류가 축적해온 지식과 지혜, 사상의 도움을 얻어서 학생들은 통찰력과 직관력, 분석력과 논리력을 키울 수 있다. 책 읽는 즐거움을 알고, 독서에서 세상과 사물의 이치를 깨닫고 텍스트의 의미를 이해하고 적용시킬 수 있을 때 새로운 세계를 만나게 될 것이다.

　지성교육의 텍스트는 지식 영역을 넘어서 문화예술 활동의 산물인 동서고금의 명작을 포함한다. 다양한 예술 작품을 접하고 체계적으로 감상하는 것은 자신의 감성을 표현하고 스스로 세계를 해석할 수 있는 창조성의 기초를 제공할 것이다. 이 과정에서 학생들은 자신에게 내재된 다양한 잠재력을 발견하고 이를 잘 길러낼 수 있다. 창조적 작업을 적극적으로 수행하기는 어렵다 하더라도 예술적 감수성의 고양은 그 자체만으로도 지성인으로 나아가는 데 충분한 도움을 줄 수 있다.

2) 자신의 깨달음을 표현하고 토론하는 변증법적 공유의 과정

교사와 학생, 학생과 동료 학생들 사이의 토론을 통해 스스로 발전시킨 생각을 발표하고 타인의 의견을 이해하는 공유의 과정이다. 자신이 말로 표현하여 객관화된 자신의 생각과 마찬가지로 객관화시킨 타인의 생각, 교사의 지도와 이끌어냄이 텍스트가 된다. 생각의 공유를 극대화하고 보다 고양된 사고로 이르기 위한 토론의 원형(prototype)은 교사와 학생 사이의 적절하고 유효한 형태의 산파술이다.

플라톤이 『국가』에서 보여준 소크라테스의 토론 방법인 산파술은 소극적 측면인 반어와 적극적 측면으로서의 산파술을 생각할 수 있다. 전자는 대화의 상대자로부터 논설(logos)을 이끌어내어 무지를 자각하게 함으로써 깨달음을 유도하는 소크라테스의 독특한 무지를 가장하는 태도이고, 후자는 상대방이 제출

한 논설이나 주장에 질문을 거듭함으로써 모순을 자각하고 당사자가 의식하지 못했던 새로운 생각을 낳게 하는 문답법이다. 소크라테스의 산파술을 독서 토론에 직접 적용하기 위해서는 독서 텍스트뿐만 아니라 토론 참여자들의 지적 수준과 텍스트의 해석 정도를 거의 완벽하고 이해하고 있는 탁월한 토론의 리더가 있어야 하고, 또한 한 가지 주제에 집중하여 사고의 극단까지 밀고가는 토론의 내용과 형식을 띠어야 하는데, 이는 현실적으로는 거의 실현되기 어렵다. 그러나 산파술의 궁극적 목적이 끝없는 질문을 제기함으로써 학생의 지적 이해가 지니는 한계 내지는 무지를 자각하게 하여 새로운 깨달음으로 이끌기 위한 것이며, 이것은 대화 내지는 토론 없이는 가능하지 않은 과정이라는 점에서 산파술은 독서 토론의 기본 형식으로 재현되어야 한다.

3) 체험을 통해 타인을 이해하고
공동체의 일원임을 공감하는 도덕적 각성의 과정

독서와 감상, 비판적 공유 이후에 이어지는 과정은 경험과 체험 활동이다. 동서고금의 명저와 명작의 이해와 감상을 통해 얻고 길러진 지식과 감성은 경험 및 체험 활동과 결합됨으로써 현실적이고 구체적인 내용을 획득할 수 있기 때문이다. 창의지성 수업에서 지향하고 있는 체험은 지식을 경험 세계로 확장시킴으로써 살아 있는 배움의 과정으로 상승시키는 영역이다. 독서나 문화 예술 작품을 통한 세계에 대한 이해는 필연적으로 학습자의 삶과 연관되는 경험적 세계에 대한 인식을 요구한다. 체험 교육은 정태적인 텍스트의 이해를 넘어서서 텍스트의 체험을 통해 텍스트에 대한 성찰적 인식에 도달하게 한다. 이 과정의 핵심은 체험을 통해 체득하게 되는 타인과 공동체에 대한 이해와 공감이다. 즉 체험은 세계에 대한 이해와 공감의 과정인 것이다. 이렇게 볼 때 가장 중요한 체험의 영역은 자신을 둘러싼 사회적 관계망과 공동체 자체다. 공동체의 일원임을 자각하고 구성원들과의 협력적 탐구 과정을 통해 민주적 시민성과 공공성을 획득해가는 공감의 과정이 창의지성 수업이 추구하는 체험 교육의 핵심이다.

4) 진리와 정의의 추구를 하는 사회적 실천의 과정

창의지성 수업 과정은 사회적 실천으로 일단락된다. 이 과정은 비판적 사고를 사회적 실천으로 승화시키는 과정이다. 비판적 사고는 주장과 논지의 타당함뿐만 아니라, 옳고 그름을 가려내는 사고 능력이다. 타인에게만 해당하는 것이 아닌 자신에 대해서도 비판적으로 성찰하는 능력이다. 그러므로 비판적 사고의 실천적 핵심은 반성적 사고와 합리적, 도덕적으로 판단하는 사고라고 할 수 있다. 창의지성 수업에서 사회적 실천은 학생들이 사고를 통해 실천을 계획하고, 실천한 뒤에 다시 사고하는 과정을 통해 사회의 합목적적인 발전과 공동체 속에서의 자신의 정체성과 책임감을 형성해나가는 것이다. 건전한 자아정체성은 사회의 구성원이 지녀야 할 근본이자 사회의 여건 자체가 자아정체성 형성에 큰 영향을 미친다는 점에서 학생의 창의지성적 사고와 사회적 실천은 밀접하게 연관되어 있다. 사회적 실천이란 궁극적으로 사고와 행동을 일치시키는 언행합일의 과정을 의미하며, 인성 및 도덕 교육이기도 하다.

이처럼 창의지성 수업을 통해 길러내고자 하는 지성인은 인류 사회의 누적된 지식 체계와 문화적 업적을 이해하고, 다양한 체험을 통해 사회적 의무와 윤리를 자각하고, 나아가 공동체와 사회, 국가 및 지구적 문제에 대한 새로운 대안을 제시할 수 있는 실천적 지성인이다. 즉 비판적 사고와 예술적 감성을 지니고 공감할 수 있는 열린 마음으로 익히고 깨달은 것을 실천할 수 있는 지성인이다. 창의지성 수업은 이러한 지성인을 길러내려는 출발이자 기초다. 학생들은 지성인이 갖추어야 할 제반 소양인 텍스트를 읽고 이해할 수 있고, 이해한 것을 표현하고 소통하며, 타인의 의견을 이해하고 비판적으로 공유하며 공감과 실천을 이룰 수 있는 역량을 갖추게 될 것이다.[6] 창의지성 수업이 구체적

---

6   교양 교육(liberal education)이 궁극적으로 추구하는 바는 자유로

으로 추구하는 품성과 자질은 다음과 같이 정리할 수 있다.

(1) 읽고 이해하기

주어진 텍스트를 읽고 내용을 이해하는 것은 가장 기본이 되고 중요한 역량이지만, 제대로 읽고 이해한다는 것은 매우 어려운 일이다. 제대로 읽는다는 것은 목적에 따라서 선택한 텍스트에서 원했던 바를 최대한 이끌어내는 것을 의미한다. 신문에서는 시사 정보를, 소설이나 시에서는 재미와 감동을, 예술 작품에서는 미적 감흥과 정서적 안정을 얻으려 할 것이다. 그리고 철학 관련 서적을 통해서는 삶의 근본적인 질문들에 대한 간접적인 해답을 얻으려 할 것이다. 다양한 텍스트들 가운데 가장 중요한 것은 교양을 위한 텍스트이며, 교양 서적 가운데서도 창의지성 수업은 고전과 명저를 핵심 텍스트로 삼고 있다. 고전과 명저를 읽을 때는 우선 저자가 제기하는 의문(질문 혹은 문제라 할 수도 있다)이 무엇인지, 저자가 던진 질문이 중요한 이유가 무엇인지, 그 질문에 대하여 저자는 어떤 방식으로 대답하고 있는지 등을 세밀한 독서로 파악할 수 있어야 한다. 이러한 방식으로 저자

운 정신(liberal mind)을 지닌 사람의 품성과 크게 다르지 않다. 교양 교육이 추구하는 인간상은 여러 가지 논란이 있겠으나, 크로논의 에세이가 가장 구체적인 모습을 제시하고 있다. William Cronon, 1998, "'Only Connect...' The Goals of a Liberal Education," *American Scholar*, 67: 4.

의 질문과 주장을 이해할 수 있어야 하고, 스스로가 저자가 대답한 방식이나 자료가 타당한지를 따져볼 수 있어야 한다.

이러한 과정을 반복함으로써 분석적 읽기의 기본을 체득할 수 있어야 하고, 이것이 바로 비판적 사고의 토대를 형성하게 해준다. 비판적 사고는 이처럼 주어진 텍스트의 정보를 비판적으로 습득하고 습득한 정보를 체계적으로 정리하는 훈련이 이루어져야 가능하다. 또한 지식을 체계적으로 정리할 수 있는 역량을 바탕으로 텍스트에 대한 수동적 이해를 넘어서 주어진 텍스트에서 영감을 얻고, 감동을 얻으며 이러한 과정 자체를 향유할 수 있어야 한다. 읽고 이해하기 위한 바람직한 태도는 호기심과 경외감으로 우리를 둘러싸고 있는 사회와 자연 세계가 전달해주는 이치를 이해하기 위해서 항상 열려 있는 마음을 갖는 것인데, 막연한 호기심이 아니라 비판적 독해를 거듭하면서 호기심 자체도 기존의 독서를 바탕으로 진화되고 가다듬어진 것이라야 한다.

(2) 질문할 수 있는 능력

다양한 텍스트에 대한 읽기와 이해는 인간과 자연 세계에 대해 유의미한 질문을 던질 수 있는 역량으로 이어져야 한다. 기존의 노작들과 해법들은 변화하는 사회 현상에 대하여 유용한 지침을 줄 수는 있으나, 그 자체로 새로운 문제들에 대한 해결이 될 수는 없다. 문제의 해결은 기존의 상식과 통념에 의존한 정답 찾기로는 이루어지기 힘들다. 문제를 분석적으로 재구성하고, 추상

적인 문제를 구체적인 문제로 환원시키거나 질적인 문제를 양적
인 문제로 치환할 수 있는 지적 활동을 통해 새로운 질문을 제기
할 수 있을 때 문제 해결이 가능하다. 다양한 해결책을 제시하려
는 지난한 노력 이후에 기존의 접근으로는 문제 해결이 불가능
함을 깨닫고서 새로운 질문을 던질 수 있는 지성이 될 수 있도록
노력해야 한다.

그렇다면 질문할 수 있는 지적 역량은 어떻게 갖출 수 있을
까? 고전과 명저는 질문을 던지는 방식을 배울 수 있는 가장 유
용한 텍스트다. 고전과 명저뿐만 아니라 좋은 글들은 좋은 질문
에서 시작된다. 따라서 철학이나 인문사회과학 분야의 글을 읽
을 때 저자가 제기하는 질문을 제대로 이해하는 것이 독해의 출
발이 되어야 하는 것이다. 좋은 질문들은 저자가 당대의 문제들
에 대하여 기존의 해결책들을 비판적으로 고찰한 뒤에 그러한
해결책들이 간과하고 있거나 더 깊은 원인들을 궁구한 끝에 던
지는 질문들이다. 고전과 명저에서 저자들이 어떻게 질문을 제
기하게 되었고, 기존 견해들을 어떠한 방식으로 체계적으로 비
판하고 있는지를 주의 깊게 살펴보면서 스스로가 부단히 질문을
던지도록 노력해야 한다.

（3） 쓰기
독서를 통해 자신이 이해한 바를 체계적으로 정리하고 비판력을
고양시키기 위한 가장 좋은 방법은 글쓰기다. 궁극적으로는 자

신이 세계와 주변 환경에 대하여 이해한 바를 타인에게 전달하고 설득시킴으로써 공감을 이끌어내고, 나아가 감동을 줄 수 있어야 한다. 고전과 명작을 읽고 난 뒤에 책의 내용을 체계적으로 요약하고 자신의 비판적 견해를 피력하는 독후감, 즉 비판적 서평을 작성하는 것은 이러한 글쓰기를 위한 기초 훈련이다. 자신의 생각이 체계적으로 정리되지 않은 상태에서는 좋은 글을 쓴다는 것은 불가능하다. 글쓰기는 읽기를 통하여 얻은 바를 체계적인 사고로 전환시켜 정리하는 가장 좋은 방법이며, 사고력을 신장시키는 수단이기도 하다.

좋은 글을 쓰기 위해서는 자신이 선택한 주제(topic)에 대한 폭넓은 이해가 있어야 한다. 주제에 대한 이해만으로는 충분하지 않다. 글쓰기만을 위한 훈련이 어느 정도 필요할 수는 있으나, 가장 중요한 글쓰기 훈련은 기술적인 방법을 배우는 것이 아니라, 자신이 전달하고 싶은 내용으로 사고를 채우는 것이라는 점을 알아야 한다. 글을 쓰기 위해서는 그 분야에서 유의미한 문제를 질문의 형식으로 던질 수 있어야 한다. 질문을 제기하는 것은 동시에 자신이 던진 질문이 타당하고 유의미함을 설득해야 함을 의미한다. 자신이 제기한 질문을 체계적으로 보다 보편적인 형식으로 서술하고 질문에 대한 자신의 대답을 사례와 자료를 통하여 논증함으로써 글쓰기는 완성된다. 이러한 일련의 글쓰기 과정은 비판적 사고를 고양시키는 과정이며, 독자를 염두에 두고서 그들을 설득하기 위해 글을 쓴다는 것은 그 자체가 사회적 실천이기도 하다.

(4) 대화

대화를 한다는 것은 자신만의 주장을 뱉어내는 것이 아니라 사려 깊은 질문을 던질 수 있고, 듣는 이로 하여금 공감을 이끌어내고, 필요하다면 연설을 할 수 있는 능력이다. 타인과의 대화를 하는 이유는 자신에 대하여 말하고 싶어서가 아니라, 타인에게 진정으로 관심이 있고 공감하고 싶기 때문이어야 한다. 진정한 대화를 위해서는 다른 사람들이 말하고 전달하려는 바를 경청하고 공감할 수 있어야 한다. 타인의 주장을 그 입장에서 이해하고, 논리적 추론을 짚어가면서 논리와 비논리를 가려내고, 그 이면에 놓여 있는 감정과 신념을 읽어낼 수 있어야 한다.

대화는 다양한 형식을 띨 수 있으나, 어떠한 형식을 띠더라도 대화의 목적은 타인을 이해하고 그들과 소통하려는 것이다. 이해와 신뢰를 추구하는 대화는 자신이 속해 있는 공동체와 소통하고 이해하려는 접속의 지점이다. 스스로 읽고 깨달은 바를 자신만의 지식으로 가두어두고 있다면 그러한 지식은 오히려 아집과 독선을 키우는 해악이 될 수 있다. 주변과 공동체와 대화하고 소통함으로써 타인을 이해하는 것은 스스로를 이해하고 발전시키는 첩경이기도 하다.

(5) 공동체의 자유와 행복 추구

월등한 지식을 갖추고 사물에 대한 이해력을 갖추었다고 해도 아무도 홀로 살아갈 수 없음을 인식해야 한다. 자신이 속한 공동체의 번영과 행복이 자신의 발전과 행복을 위해 필수불가결한 조건임을 깨닫지 못한다면 지성인이라 할 수 없다. 자유가 억압된 공동체에서 개인의 자유는 성립할 수 없으며, 갈등과 불평등으로 분열의 위기에 선 공동체에 속한 개인에게 허용되는 행복은 극히 제한적일 수밖에 없다. 창의지성교육이 추구하는 지성인은 자신의 지식과 통찰력을 공동체의 번영과 행복을 위해 대안을 제시하고 이를 실현하려는 실천적 지성인이다.

(6) 진리를 추구하는 마음

정교한 논리와 치밀한 주장을 제대로 이해하는 학습 과정 자체를 즐길 수 있어야 하지만, 읽고 배우는 것이 궁극적으로 지식 그 자체보다는 지혜를 추구하는 과정임을 깨달아야 한다. 인류가 축적해온 모든 지식은 궁극적으로 더 나은 사회를 만들고 인류의 진보에 기여하려는 더 큰 가치를 이루기 위함임을 이해해야 한다. 지식의 습득과 생산이 어떠한 가치를 위한 것인지를 항상 염두에 두고, 지식 자체에 매몰되지 않고서 지식을 통한 진리의 추구는 결국 행복과 정의를 위한 것임을 깨달아야 한다.

이처럼 창의지성교육이 지향하는 인간은 스스로의 인식과 사고가 불완전함을 인정하고 자신이 알고 있는 것보다는 모르고 있는 것을 정확히 인식하는 것에서 출발하면서 기존의 지식 체계와 권위를 비판적으로 사고할 줄 아는 지성인이다. 나아가 이러한 지성인은 자신의 삶이 타인들의 역사적·사회적 노력에 의해 크게 의존하고 있음을 자각하고 공동체를 위해 적극적으로 기여할 수 있는 실천적 지식인기도 하다. 비판적 사고는 단지 인식의 방법이 아니라 자신의 존재를 역사적 사회적 맥락에서 고민하고 동료와 여타 사회 구성원을 존중하는 도덕적 인간이며, 공동체의 발전을 위해 실천적으로 기여하려는 사회적 인간이다.

창의지성 수업이 키워내려는 소양을 갖춘 지성인은, 달리 말하자면 분산되고 절연되어 보이는 사물들의 연관성과 저변에서 작동하는 운동의 원인들을 꿰뚫어볼 수 있는 통찰력을 기반으로 분석력과 경험적 사유, 나아가 실천적 사고를 갖춘 지성인이기도 하다. 통찰력과 분석력, 경험적 사고와 실천적 사유는 주로 이성적 사고의 고양을 강조하는 것이지만, 성찰적 사고는 감성적 사고의 계발 없이는 이루어질 수 없다. 우리 나라의 교육 현장에서는 교과서적 지식 교육에 대한 대립물로서 감성 혹은 정서와 같은 새로운 영역이 제시되고 있다. 그러나 감성은 이성적 사고의 대립물이 아니라, 이성과 공통 기반을 갖는 사고의 다른 요인으로, 감정이나 욕구에 대한 의지적, 이성적 통제의 발현이며 이성적 사고는 감성적 사고로 뒷받침되어야 한다.

이처럼 서로 다른 사고의 요인들은 상호 통합을 지향함으로써, 구체성과 총체성을 획득할 수 있고 새로운 생각의 단계로 나아갈 수 있다. 창의지성교육에서 강조하는 비판적 사고는 다양한 사고의 요소들을 체계적으로 통합하여 자신만의 사고를 형성하는 과정이기도 하다. 이러한 통합의 과정은 분석과 종합이라는 인식 작용이 작동되는 과정이다. 창의지성 수업이 활용하려는 4가지 텍스트는 바로 비판적 사고 형성을 위한 인식의 상호작용을 각각의 영역을 통하여 최대화하고 통합할 수 있도록 구성된 것이다.

V

새로운 혁신교육과 민주주의학교

V. 새로운 혁신교육과 민주주의학교*

1. 민주주의학교의 필요성

한국의 미래는 교육에 달려 있다고 해도 과언이 아니다. 한국이 의지할 수 있는 '미래 동력'은 인간, 바로 사람밖에 없기 때문이다. 한국이 처해 있는 환경은 대단히 척박하다. 정치, 경제, 역사 문화, 자연 조건 등에 걸쳐 환경은 더욱 어려워지고 있고, 그만큼 선택지도 넓지 않다. 이렇듯 어려운 환경 요인을 극복하고 진취적인 미래를 개척하려면 무엇이 필요할까? 그것은 다름 아니라 '인간'에 '투자'하고, 그 새로운 인간을 통해서 미래를 조감하고 설계하는 일이다. 어떠한 인재를 길러내고, 또 그들이 어떠한

---

* 이 장은 필자가 연구진으로 참여하여 집필한 경기도교육청(2014)의 제1장과 제5장의 문제의식을 발전시켜 대폭 재집필하였다.

미래 사회를 만드느냐에 따라 삶의 모습은 확연히 달라질 것이다. 무엇보다 미래 한국은 독립적 시민이 가져야 하는 창의적이고 종합적 지성을 강화하고, 그것을 통해서 질 높은 지식을 생산하는 것은 물론, 제4차 산업혁명의 잠재적 가능성을 극대화하고 그 결과를 인간과 사회에 이롭게 민주적으로 통제할 수 있어야 할 것이다. 나아가 우리는 촛불 항쟁으로 새로운 국면에 접어든 민주주의를 심화 발전시키고 시민모두가 참여하는 공화제의 기반을 더욱 확대하고 공고히 해야 할 것이다. 이러한 미래지향적 과제를 추진하기 위해 교육과 학교의 중요성은 더욱 커진다. 특히 교육이 장기에 걸친 전략적인 미래 투자라는 점을 고려한다면, 교육의 초석에 해당하는 초중등 교육은 더욱 중요하다.

이러한 점에서 미래 제4차 산업혁명 시대의 주역이자 새로운 민주공화국의 주권자인 창의적이고 독립적인 시민을 육성하기 위한 체계적이고 전략적인 교육 설계의 필요성이 더욱 커진다. 이것은 바로 창의지성교육과 민주주의학교라는 새로운 교육의 '창(窓)'을 통해서 미래의 민주적 대한민국을 조감(鳥瞰)하는 일이며, 나아가 학교 교육과 평생 교육을 아우르는 보편적 교육을 무대로 새로운 사회 발전의 경로를 설계하는 일이다. 우리의 창의지성교육은 공교육을 소극적으로 '정상화(正常化)'하는 것이 아니라, 미래 사회를 진취적으로 재구성하기 위해 그것을 획기적으로 '혁신(革新)'하기 위한 것이다. 이 창의지성교육, 즉 공교육의 근본적 향상을 위해서 뒷받침되어야 할 가장 중요한 교육 생태계가 민주주의학교다. 학교가 민주주의적 공동체로 대전환하고, 그 속에서 학생, 교사, 학부모가 참되게 민주주의를 살아갈 때 비로소 창의지성교육은 가능해진다. 그리고 무엇보다 미래 우리 사회의 주인인 학생들이 학교 공동체에서 민주적 삶을 살도록 함으로써, 진정 창의적이고 독립적인 시민으로 성장할 수 있도록 해야 한다.

학교는 교육을 구현하는 이중적인 의미의 '주체적 시민 공동체'다. 학교의 궁극적 목적은 학생을 '창의적이고 독립적인 민주 시민'으로 성장시키는 교육 활동이다. 이러한 학교는 학생을 교육의 중심에 세우면서도, 동시에 '창의적이고 독립적인 민주 시민'으로 학생의 성장을 지도하는 교사를 교육의 핵심적 주체로 세운다. 따라서 학생을 '창의적이고 독립적인 민주 시민'으로 재구성하려면, 동시에 '창의적이고 독립적인 민주 시민'인 교사가 전제되어야만 한다. 결국 민주주의학교는 학생과 교사, 그리고 핵심적 교육 관여자로서 학부모라는 결이 다른 세 종류의 '시민'을 갖고, 더불어 행복한 생활 공동체 속에서 창의지성교육을 추구하는 '공공성'(공통의 목적이자 공통의 책무성)을 공유는 교사와 학생, 학부모의 시민 공동체이기도 한 것이다.

민주주의학교로의 대전환의 필요성은 우선 1990년대 이래의 세계적인 교육 개혁의 경험 속에서 확인된다. 교육 개혁의 역사를 반추하건대, 본질적인 교육 개혁을 위해서는 반드시 민주주의학교가 필요했음을 확인할 수 있다. 잘 알다시피 1990년대 이후에 세계 교육을 개혁하기 위한 주요한 노력들이 강구되어왔다.

첫째, 포스트포디즘 자본주의 체제 아래서 신자유주의적 경쟁 관념에 입각한 교육 개혁이 이루어졌다. 미국의 차터스쿨(charter schools), 영국과 유럽의 종합학교(comprehensive schools)도입, 스웨덴의 자유학교(free schools) 등을 중심으로 경쟁적 교육관, 수월성 및 서열화 교육, 균질적인 기초 학력과 노동 역량의 강화 등이 추구되었다. 그러나 이러한 교육 개혁은 관료-국가 주도적이거나 재계의 압력 속에 이루어진 위로부터의 이루어진 개혁으로서의 성격이 강했고, 학교 현장의 민주주의를 약화시켰다. 즉 중장기적 교육 관점을 상실한 '효율성'과 '업적', 그리고 '경쟁력' 위주의 교육 정책은 학교의 자율적 공동체를 약화시켰고 학교 공동체의 잠재적 교육력을 '소진'시키게 된 것이다. 이 결과 이 '신자유주의'적 교육 개혁은 성공적인 결과를 낳지는 못하였다.

둘째, 거의 같은 시기에 신자유주의적 교육 개혁과는 다른 방향에서 중요한 개혁적 접근이 이루어졌는데, 그것은 공동체주의적 교육 개혁이었다. 이는 대안주의 신교육론 전통에 입각한 공교육 개혁이었는데, 학교의 자율성에 기초한 핀란드의 교육 개혁이 대표적인 사례다. 이러한 교육 개혁은 학교의 공동체적 재구성과 교사의 자율성, 그리고 집단적인 자발적 노력 등을 전제로 교육의 질적 측면을 제고하는 데 초점을 두었다. 즉 이것은 학교의 민주적 재구성과 공동체적 원리를 따라 학생의 본질적인

배움을 구현하고 교육 내용의 질적 수준을 높여가려는 것이었다.[1]

한편 이러한 세계적 교육 개혁의 흐름은 무엇을 위한 교육 개혁인가 하는 문제를 제기하고 있다. 즉 '기초 학습 능력'을 부분적으로 개선하여 합리적 노동력을 육성하기 위한 교육 개혁인가, 아니면 전반적인 교육력의 강화와 교육 내용의 질적 업그레이드를 통해 창의적이고 독립적인 시민 자질을 강화하기 위한 교육 개혁인가? 전자는 신자유주의적 교육 개혁에 전형적으로 외적인 성취 기준을 달성하기 위해 관료 통제적인 경쟁을 강화하는 것이었고, 후자의 공동체주의적 교육 개혁은 민주주의학교와 공동체성 회복을 통해서 내재적인 '배움'과 교육 내용의 질적 혁신을 추구하는 것이었다. 결과는 전자가 학교 공동체를 위축시키고 무력화하여 교육 개혁이 한계에 봉착한 반면, 후자는 민주주의와 공동체 원리에 입각하여 교사와 학생을 주체로 세우고 교육의 질적인 개선에 성공한 것으로 나타나고 있다. 즉 세계적 교육 개혁의 성공 사례는 민주주의학교와 독립적 시민 육성을 위한 교육 생태계만이 혁신적 교육 개혁을 뒷받침해주었음을 입증해준다.[2]

다음으로 민주주의학교의 필요성은 경기 혁신교육의 실천

---

1   Frassinelli, 2006; 목영해, 2009: 13장.

2   Sahlberg, 2009.

경험 속에서도 충분히 확인된다. 2009년부터 2014년까지 진행된 경기혁신교육은 세계적인 공동체주의적 교육 개혁과 유사한 위상을 갖고 있지만, 그보다 본질적인 공교육 혁신과 재구성을 지향했다. 첫째, 혁신학교는 공교육 혁신을 위한 필요조건으로서 학교의 민주자치의 필요성을 분명히 했다. 둘째, 학생인권 조례는 독립적 민주 시민으로서의 학생들을 바로 세우려는 최초의 상징적 문제제기였다. 셋째 창의지성교육은 창의적이고 독립적인 민주 시민이 가져야 할 종합적 지성(생각)—통찰력, 기획력, 민주 시민 자질 등—의 필요성을 강조해왔다. 혁신교육이 확대 발전하고 심화하려면, 학교의 교육 주체들의 창의적 개선을 위한 노력이 지속되어야 한다. 따라서 혁신교육의 성패는 학교를 민주적 공동체로 재구성하고, 학교 구성원을 진정한 교육 주체로 재탄생하도록 할 수 있는지 여부에 달려 있다.

민주주의학교는 구성원의 권리 보장만을 위한 소극적 민주주의를 넘어서, 학교 공동체의 세 시민(주체)인 학생과 교사, 학부모가 공공적 시민으로 새로 탄생하는 역동적이고 적극적인 민주주의다. 결국 민주주의학교는 교사와 학생, 학부모가 자신의 권리와 의지를 '표출'하는 제도이기도 하지만, 더 나아가서는 학교 공동체라는 공공 활동영역에 적극적으로 참여하고, 이를 통해서 교육의 발전이라는 학교 공동체의 목적을 '숙의(熟議)'하고 이를 '실천'하는 '공공적 책무성'의 제도다.

2. 시대적 과제로서 민주주의학교

오늘날 한국 사회에서 민주주의학교는 더 이상 미룰 수 없는 시대적 과제가 되고 있다. 첫째, 미래지향적 새 교육은 더 이상 자본주의적 노동력 교육(인력 혹은 인적 자원 교육)이 아니라, 우리 시대를 주도적·창의적으로 살아갈 독립적 시민을 길러내기 위한 교육으로 대전환(upgrade)할 필요가 있다. 우리가 지향하는 인재는 자본의 톱니바퀴로 제약된 소외된 기능인 내지는 인적 자원으로서가 아니라, 공동체의 주체로서 연대할 수 있는 자립적 개인, 즉 창의적이고 독립적인 시민이다. 즉 현대 경제 사회와 제4차 산업혁명을 민주적으로 관리하여 인간친화적인 균형 경제와 복지 사회로 발전시키고, 시민 주체의 민주주의를 심화시켜가는 자각된 시민을 육성해야 한다. 이를 위해 가장 먼저 필요한 것은 단순한 지식 암기형 교육에서 자신의 사고에 기반한 격조 높은 창의지성교육으로의 전환이다. 현대 우리 사회의 '보편적인 시민'(근로자까지 포함된 평범한 시민)이 종합적 지성을 키우는 교육, 즉 보통 시민들이 명실 공히 정치, 경제, 사회의 주인인 '주권자 시민'이 되도록 하는 공교육으로서 창의지성교육을 향유하기 위해서는 교육 현장인 학교의 지배 구조와 생태계가 크게 변화되어야 한다. 즉 관료적 통제 체제에서 공동체적 협력과 소통의 문화 체제로, 그리고 궁극적으로는 공동체(공화제)적 민주주의로 학교 생태계를 변화시켜야 한다. 이는 교사와 학생이 학교 공동체의 독립적 시민으로의 성장하도록 하는 과정이고, 격조 높은 창의지성교육, 즉 독립적 시민 교육의 교육 주체로 바로 서도록 하는 과정이기도 하다.

둘째로, 1987년 이후에 한국 사회는 민주화되기 시작되어 30년 뒤인 2017년 촛불 항쟁으로 시민이 주체가 되는 새로운 민주공화국의 실현이 본격적인 과제가 되고 있다. 대한민국 민주주의 30년 동안 한국은 형식적·절차적 민주주의는 물론, 신자유주의의 파괴적 결과를 넘어서려는 민주, 평등, 공공성의 가치를 지향하였고, 촛불 항쟁 이후에는 이 흐름들을 총괄하여 '주권자 시민'이 주도하는 진정한 '민주공화국'의 실현이 시대적 화두가 되고 있는 것이다. 바야흐로 1987년에 시작된 한국 민주주의도 질적으로 새로운 국면에 접어들고 있다. 그러나 한국의 민주주의는 아직도 가야 할 길이 멀다. 새로운 민주주의를 뒷받침해야 할 독립적 시민(개인)의 기반은 허약하며, 나아가 구성원 간에도 더불어 행복할 수 있는 연대적 기반, 즉 공화제적 공통성도 아직 박약하다. 지금까지 한국 민주주의를 뒷받침해오던 1987년 이후의 시민 사회는 그 역량이 고갈되고 있으며, 1990년대까지 한국 민주주의의 '원동력'이던 '대학 문화 공간'도 소멸하였다. 한국 민주주의는 '시민 부재'의 허약한 구조가 지속되고 있는 것이다. 이러한 한국 민주주의의 허약성을 극복하고 우리 사회가 보다 건강하고 민주적인 사회가 되기 위해서는, 생각이 살아 있는 창의적이고 독립적인 시민을 체계적으로 키워내는 보편적 제도가 필요해진다. 이러한 보편적 제도는 혁신적으로 재구성된 초중등 공교육이며, 거기서 미래 시민이 민주공화제의 삶을 살아갈 수 있도록 해야 한다.

셋째, 한국의 정치사회적 변화와 인구학적 변화, 특히 '학생'의 인구학적 변화를 고려하더라도 민주주의학교는 더 이상 미룰 수 없는 과제다. 잘 알다시피 오늘날의 학생들은 저출산, 민주화, 정보화라는 새로운 시대 상황 속에서 성장하고 있다. 우선 학생들은 권위적 통제를 지극히 부자연스럽게 받아들이고, 핵가족의 원자화된 학생들이다. 이 원자화된 학생들은 자기중심적이며 공공적 연대 의식이 부족하고 관계 및 권위에 지극히 취약한 모습을 갖고 있다.[3] 한편 이와는 대조적으로 학교 및 교육 행정의 지배적 틀은 학생들의 '인구학적' 변화에 둔감하며 여전히 통제적이고 비민주적이다. 결국 학교와 교육 행정은 학생들이 민주적 시민으로 성장하는 데 필요한 교육과 문화를 제공하기보다도 관료적으로 정해진 교육 내용과 문화를 강요할 수 있다. 따라서 학생들은 관료적이고 일방적인 학교 환경에 적응하지 못하고, 학교 생활 자체를 강요된 삶으로 받아들이기 쉽다. 이러한 모순을 해결하기 위해서는 학교가 연대와 소통, 공공성, 보편 복

---

3 최근 저출산, 소자녀화에 따르는 학생들의 '발달 주기'의 변화에 대해서는 이연숙(2005)을 참조하라.

지, 돌봄과 치유, 지속가능성, 노동과 인간 존중 등의 가치를 추구하는 민주적 공동체로 재구축되어야 한다. 즉 민주주의학교를 통해, 원자화된 신세대 학생들이 학교라는 공간 안에서 '새로운 삶'을 살아가고 학교를 스스로의 생활 공동체로 실감할 수 있도록 해야 한다. 이를 통해 학생들이 독립적 개인성에 기초하여 따뜻하게 연대해갈 수 있는 공적 시민으로 재탄생하도록 해야 한다.

3. 민주주의학교의 구조

1) 민주주의학교란?

민주주의는 다수에 의해 결정이 이루어지고 그 실행이 정당화되는 정치 제도다. 이 제도는 다양한 구성원의 참여를 제도화하고, 그 구성원이 공동체의 공공 목표를 결정하고 더불어 그 공공 목표를 따르는 정치제도다. 따라서 민주주의는 선출된 공공적 지도자(공적 행정가)와 공공 목표 결정의 주체이자 수행자인 구성원으로 형성되는 참여와 책임의 공동체라고 할 수 있다. 공적 행정가는 공동체 유지를 책임질 뿐만 아니라 공동체 구성원들이 결정한 공공적 목표를 수호하고 이를 힘 있게 집행하는 존재다. 나아가 구성원은 공적 목표나 정책의 수동적인 추종자여서는 안 되며, 공적 목표와 정책의 결정 주체이며 집단 지성과 집단적 결정을 통해 공적 행정가의 실천 범위를 정의해주는 정치적 주인이다. 따라서 역동적인 민주주의란 민주적 비전과 관점을 갖는 행정가의 존재도 중요하지만, 스스로의 통찰과 기획력, 민주적 시민 능력을 가지고서 민주적 결정 과정에 참여하여 공동체의 공공성을 결집하고, 행정가가 이를 정확히 실천하도록 민주적으로 통제하는 건강한 구성원, 즉 시민의 존재가 대단히 중요하다.

민주주의학교는 학교 구성원의 자치권과 결정권을 회복시킴으로써, 학교의 교육 잠재력을 극대화하고 공동체로서의 공공적 비전을 민주적으로 구성(동의, consent)해가는 새로운 학교 공동체를 의미한다. 이 민주주의학교의 완성 과정에서 학교 관리자, 즉 교장 선생님의 민주적 의식이 대단히 중요한 역할을 한다. 그러나 민주주의학교는 교장 선생님들의 의식 변화만이 문제가 아니라 학교를 구성하는 다양한 주체들, 즉 교사, 학생, 학부모, 교직원 등이 공통의 비전과 방향, 핵심 정책을 형성하고 이를 공통으로 실천해가는 구성원 모두의 주체성과 책무성을 요구한다.

민주주의학교는 학교 관리자의 민주적 리더십을 전제로 학교 구성원들의 민주적 자치와 참여, 결정을 통하여 학교 공동체의 역동성과 창의성을 개방하고 종합적인 지성을 갖춘 독립적인 민주 시민을 성장시키는 새로운 교육 생태계이자 학교 공동체다. 따라서 민주주의학교는 민주주의적 결정 구조를 통해 구성원들이 학교 공동체의 민주적 주체, 즉 시민으로서 자기정립하여 학교의 기본 철학과 공공 목표를 공통으로 설정하고, 동시에 이를 위한 교육과 정책을 성공적으로 추진하는 책무성을 강화하게 된다.

민주주의학교는 교장 선생님의 결정권을 일방적으로 제한하고 형식적이고 절차적인 민주주의를 도입하려는 것이 아니라, 교장 선생님이 민주적 리더십이라는 새로운 권위를 갖도록 하되 학교 구성원 모두에게 적극적인 참여권과 결정권을 부여하여 발전지향적이고 역동적인 선진적 교육 공동체로 학교를 재구성하려는 것이다. 민주주의학교는 오늘날의 상황에서 학교가 교육의 본질을 가장 잘 구현할 수 있도록 하는 새로운 교육 생태계이자 학교 문화이기도 하다. 따라서 민주주의학교는 교장 선생님의 민주적-혁신적 리더십을 반드시 필요로 하지만, 보다 중요한 요소는 학교 공동체 구성원 모두가 주체로서 적극적인 자기 변화를 모색해야 한다는 것이다. 결국 민주주의학교는 교사를 포함한 교직원, 학부모, 학생 등의 학교 구성원 모두가 주어진 관료적 학교 현실에 순응(conformism)해버리지 않고서 새로운 교육을 구현하기 위한 주체로 거듭나려는 문화 성찰적 운동을 필요로 한다. 한편 민주주의학교에서 교장 선생님의 리더십은 지금까지의 포괄적 권한을 단순히 포기하는 것이 아니라, 학교 구

성원이 결정 과정에 적극적으로 참여하고 교육 발전이라는 공공
적 책무를 자발적으로 실천하도록 하고 이 실천에 강력한 정당
성과 권위를 부여해주는 혁신적 리더십으로 나아가야 한다.

　민주주의학교의 관계모형을 간단한 그림으로 표현하면 다음
과 같다.

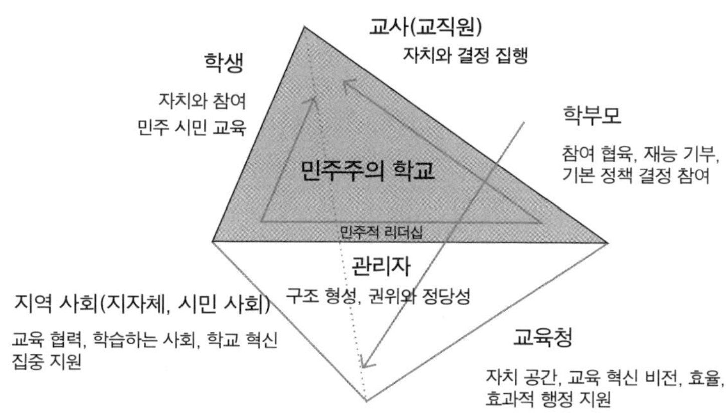

2) 민주주의학교와 민주적-혁신적 리더십

오늘날 상당수 학교에 잔존하고 있는 비민주적 학교 문화는 민
주적 시민을 육성해야 하는 미래지향적 학교의 기능을 마비시키
고 있고, 질적인 측면에서 교육 주체의 교육력을 낭비하도록 하
고 있다. 이런 이유로 미래지향적이고 본질적인 교육 혁신을 꾀

하려면 민주주의학교는 필수적이다. 최근까지 학교의 비민주적 문화가 발생하는 원인으로서 가장 크게 주목되어온 것은 비민주적 리더십이었다. '관리자의 리더십이 비민주적이었기 때문에, 학교 문화가 그만큼 퇴행할 수밖에 없었다'는 것이다.

그러나 학교에 잔존하는 비민주성의 원인을 단순하게 리더십, 즉 관리자들에게만 돌릴 수는 없다. 역사적으로 볼 때, 한국의 학교 제도는 1980년대까지의 관료 통제적 교육 행정, 그리고 현재의 관리-장학형 교육 행정 속에서 시민 육성을 위한 '자치적 교육 공동체'로서 자리매김하기보다는, 기능적 인재(인력)육성과 독립적 개인성이 결여된 '국민'으로써 국가에 대한 복종과 헌신이 일방적으로 강조된 실질적 신민 형성을 위한 상명하달식 '기능 조직'으로 자리매김되었다. 이 과정에서 학교에서도 자연스럽게 위계적 서열을 갖는 관료적 문화가 일반화되었고, 그러한 관료적 행정 문화의 대행자로서 관리직, 즉 교장이 자리매김했다. 따라서 관리자 개개인의 성향이나 특질보다는 제도적, 구조적 관행 속에서 학교는 민주주의로부터 괴리되어 있었다고 할 수 있다.

오늘날 학교는 미래 대한민국을 발전시켜나갈 창의적이고 지성적인 시민을 육성하기 위해 질적으로 업그레이드된 새로운 교육을 구현해야 한다. 그런데 민주주의학교로 학교가 변화해갈 때, 가장 중요한 핵심 고리가 관리자의 리더십이라는 사실을 부정할 수 없다.

(1) 관료적 리더십과 학교 교육

그간 우리 학교 사회에서는 올바른 스승상을 보여주는 민주적-혁신적 관리자들이 적지 않게 존재해왔다. 이러한 리더십이 있었기에 학교는 교육의 본질을 추구할 수 있었고, 그 결과 성장한 인재들이 대한민국의 '풍요'와 '민주주의'를 일굴 수 있었다. 그러나 객관적으로 판단해보건대, 대한민국 학교의 지배 구조는 전반적으로 민주적이지는 못하다. 이 비민주성은 교육 및 학교 행정에 구조화된 권위적 문화와 관료적이고 통제적인 리더십에서 비롯된다.

이른바 행정 통제적 구체제 리더십은 대한민국 근대 학교 교육의 전통에서 비롯된다. 이 리더십은 전형적으로 군림형의 관리자상으로 나타나는데, 주로 명령과 지시, 통제, 권위주의, 일방적 소통, 1인 혹은 소수의 결정 등을 특징으로 한다. 군림형 리더십은 몇 가지 경로를 통해서 재생산되어왔다.

첫째, 현재 관리자로의 승진 제도와 경로 그 자체가 비합리적인 관리자를 양산할 소지가 있다. 즉 관리자로의 현행 승진 경로는 수량(점수)화를 위해 대단히 '체계적'으로 규칙화되어 있다. 그러나 그 체계적 규칙들은 대부분 교육의 본질, 즉 학교 현장의 교육의 질적 개선과 민주적 환경 조성 등의 성과보다는 행정 관리적 차원이나 기능적 인사 규칙에 따르는 행정적 '점수 모으기'가 보다 중요해지는 경우가 많다.

둘째, 관리자의 배타적 자격 제도상 행정 통제적 리더십을 강화할 개연성이 크다. 최근 평교사 교장에 대한 자격 부여, 교장 공모 방식의 다양화 등에 따라 배타적 교장 자격 제도에 일정한 변화의 기미가 보이고 있다. 그러나 교장 자격과 교장의 직위가 거의 일치하는 상황에서 관리자의 군림형 리더십은 여전히 학교 현장에 커다란 영향을 미치고 있다.

셋째, 법제도적으로 관리자에게 '통할'이라는 광범위한 권한을 부여함에 따라 리더십의 한계가 설정되지 않고 자의적 권한 행사의 소지가 나타날 우려가 있다. 학교 일선에서 정책 결정과 집행 권한 전반에 걸쳐 관리자의 일방적 결정 현상이 불거지는 가장 큰 이유는 여기에 있다. 이 과정에서 실질적 교육 주체인 교사의 역할 공간은 지극히 축소되고, 학교 운영이 '학생-교사-교육'이라는 기준보다 관리자의 '행정 통제(관리)'적 기준에 따라 좌우되는 경우가 적지 않았다. 현행 초중등교육법 20조는 다음과 같이 규정하고 있다.

> ① 교장은 교무를 통할(統轄)하고, 소속 교직원을 지도·감독하며, 학생을 교육한다.
>
> ② 교감은 교장을 보좌하여 교무를 관리하고 학생을 교육하며, 교장이 부득이한 사유로 직무를 수행할 수 없을 때에는 교장의 직무를 대행한다. 다만, 교감이 없는 학교에서는 교장이 미리 지명한 교사(수석 교사를 포함한다)가 교장의 직무를 대행한다.
>
> ③ 수석 교사는 교사의 교수·연구활동을 지원하며, 학생을 교육한다.
>
> ④ 교사는 법령에서 정하는 바에 따라 학생을 교육한다.

⑤ 행정 직원 등 직원은 법령에서 정하는 바에 따라 학교의 행정 사무
와 그 밖의 사무를 담당한다.

그러면 지금까지 지배적인 관료적 리더십은 학교 현장에 어떠한 결과를 가져왔을까? 무엇보다 관료적 리더십은 민주적 태도와 전문적 식견을 갖는 열의 있는 교사들의 혁신적 교육 실천을 방해하고, 그들의 창의성을 억압하는 경향이 있다. 결국 관료적, 일방적 리더십 아래서 교사들의 열의는 좌절되기 쉽고, 그러한 좌절이 쌓일수록 교사들은 상황을 변화시키기 보다는 현실에 순응하고 안주할 가능성이 크다. 더 나아가 오늘날 학교 리더십의 양상은 복잡하게 이행하면서 다양하게 착종된 모습을 보여주고 있다. 그리고 미시적으로 학교별로 다양한 문화와 질서가 나타나고 있다. 이 상황에서 정기 전보를 통해서 학교를 이동해야 하는 교사들은 자신들의 근무 환경에 대해 명시적인 예측을 할 수 없게 되고, 자신의 교육 실천을 위한 기준을 설정하기 어렵게 된다. 나아가 교사는 관료적 리더십과 조우함으로써 언제든지 '혼돈'과 '좌절'의 상황에 직면할 수 있다. 학교 상황의 지나친 상이성으로 인한 '불확실성', 그리고 수시로 직면하는 관료적 리더십의 관리자로 인한 '혼돈'은 교사를 순응적이고 타성적으로 만들 수 있다.

이렇게 되면 학교는 부단한 '역동적 혁신'으로부터 멀어질 것이다. 로버트 허친스의 말처럼 학교는 이제 교육 기관이 아니라,

최소한의 기능적 교육 행위만을 수행하고 학생들을 행정적으로 관리(통제)하는 '보관 기관'(custody institution)으로 전락할 것이다. 이 속에서 교사는 교육의 본질을 자각하고, 학생들과 더불어 질적으로 선진화된 교육을 실천하려는 '교육 지성인'이 아니라, 비민주적인 학교의 모습을 수긍하고 그 속에 안주하는 '수동적 직업인'의 모습을 보이기 쉽다. 이러한 상황은 질적으로 아주 우수한 지성과 잠재 능력을 갖고 있는 우리 교사들의 가능성을 억압하고, 교사 스스로 적극적인 교육 노력을 포기하게 만드는 파괴적 상황을 만들어낸다.

(2) 리더십의 다양한 유형

우리는 정치적 차원을 중심으로 학교 리더십의 유형을 '권력의 행사 방식'과 '리더십의 범위'를 교차해봄으로써 몇 가지로 유형화해볼 수 있다.

먼저 리더십이 작동되는 권력의 행사 방식은 관계적(relational)인 것과 구조적(structural)인 것으로 구별된다.[4] 가령 '관계적 권력'은 물리력, 경제력, 가시적인 힘 혹은 조치를 기본 자

4　이러한 구조적-관계적 리더십에 대한 유형화는 영국의 국제정치경제학자인 수잔 스트레인지(Susan Strange)가 국제정치 리더(패권국)의 행태 분석을 통해 수행한 바 있다. 구조적 리더십과 관계적 리더십의 특징에 대한 원론적 논의는 Strange(1988/1994, Chap. 2)를 참조하라.

원으로 하고, 명령이나 지시, 위협, 직접적인 힘을 주요한 권력 수단으로 사용한다. 그리고 상황 및 정책 판단에서 개인 혹은 소수 집단의 힘이 중요하며, 권력의 행사를 통해 직접적인 이익 혹은 사적 권익이 분배되는 특징을 갖는다.

'구조적 권력'은 동의, 문화, 비가시적 힘과 수긍을 기본 자원으로 하고, 주요한 권력 수단으로 체계—제도 혹은 구조—형성, 문화 형성, 비전 제시와 공감 형성 등을 사용한다. 그리고 상황 및 정책 판단에서 다수의 집단적 판단과 숙의의 가능성이 중시되며, 이러한 권력의 행사를 통해 동의가 형성되고, 간접적-장기적 이익과 공공성의 강화가 이루어진다.

나아가 제3의 유형으로서 관리자와 교사 사이의 착종과 균형 위에서 성립되는 방관형을 추가할 수 있을 것이다. 학교 공동체의 정책 결정과 실행력이라는 관점에서 방관형보다는 관계형이, 관계형보다는 구조형이 보다 더 효과적이고 우월한 면을 갖고 있다.

한편 리더십은 정책 결정에의 참여 범위를 기준으로 다시 몇 가지 유형으로 나뉠 수 있다. 이는 궁극적으로 학교의 주요한 의사 결정의 결정권이 누구에게 있는가 하는 점이다. 가령 최고 관리자 1인이 결정하는 경우에 통제형, 소수의 그룹이 결정하는 경우에 과점형, 다수의 구성원이 결정하는 경우에 민주형으로 규정할 수 있다. 정책 결정에 참여하는 범위라는 면에서 통제형보다는 과점형이, 과점형보다는 민주형이 보다 효과적이고 우월한 면을 갖고 있다.

이러한 기준의 교차에 따라 나타날 수 있는 리더십 유형들은 다음의 표와 같다. (I) 통제-방임형 리더십 (II) 통제-관계형 리더십 (III) 통제-구조형 리더십 (IV) 과점-방임형 리더십 (V) 과점-관계형 리더십 (VI) 과점-구조형 리더십 (VII) 민주-방임형 리더십 (VIII) 민주-관계형 리더십 (IX) 민주-구조형 리더십.

각각의 유형의 특질들은 다음과 같다. 이러한 유형들은 학교 민주주의의 이행기적 상황에서 나타날 수 있는 '다양성'을 보여줄 수 있으며, 민주주의학교를 향한 리더십의 상대적 발전 방향 또한 보여줄 수 있다.

표 이행기적 상황에서 학교 리더십의 유형

구분		권력 수행 방식		
		방임형	관계형	구조(동의)형
리더십 특징	통제형	수동적 방조 체제 작동 마비 (I)	명령-지시 관계 간섭형 프로그램 과다 (II)	권위주의적 복종 자발적 순응 봉건적 학교 유형 (III)
	과점형	수동적 방조 결정 위임 체제 작동의 혼란 (IV)	정책 독점 그룹 교사 파벌화 비통합적 학교 문화 정책의 강제 (V)	정책 독점 그룹 교사 통합 통합적 학교 문화 영향 경로의 일방성 (VI)
	민주형	단순한 권한 위임 민주적 결정 실행력 결여 (VII)	민주적 제도화 다양한 업무 프로그램 교사의 주도성 (VIII)	자발적 동의 비전과 철학 공유 민주적 제도 운용 새로운 학교 공동체 (IX)

(Ⅰ) **통제-방임형 리더십**: 기본적으로 통제형—관리자 1인의 통제적—의 리더십이지만, 학교의 구성원의 역관계 혹은 리더십의 개별적 특질에 의해 정책 결정과 집행이 방임되는 모델이다. 이 유형은 관리자와 교사들 사이의 신뢰가 부족한 상황에서 관리자는 일방적인 정책 결정과 집행을 하고자 하나, 구성원에 대한 장악력의 결여로 리더십이 미치지 못하는 유형이다.

(Ⅱ) **통제-관계형 리더십**: 과거 학교 지배 구조를 대표하는 전형적 리더십으로, 관리자 1인에 의한 정책 결정과 집행의 독점이 이루어지고, 정책 수행은 구체적인 프로그램 위주로 개별적인 명령과 지시에 의존하며, 교사의 행위를 간섭적으로 규제하는 특징을 갖는다.

(Ⅲ) **통제-구조형 리더십**: 과거 학교 지배 구조를 대표하는 전형적 리더십의 다른 형태로, 관리자 1인에 정책 결정과 집행력이 독점되지만, 정책 수행은 관리자의 개별적 명령과 간섭에 의하기보다는 관리자의 권위에 대한 '자발적' 복종에 따라 이루어진다. 즉 관리자는 개별 현안에 세세히 관여하지 않지만, 권위주의적 복종과 자발적 순응에 따라서 관리자의 정책 방향이 관철된다.

(Ⅳ) **과점-방임형 리더십**: 학교의 '집행부'(부장단)가 형식적으로 선출 혹은 임명되지만, 교장은 이들을 통해서

권력을 행사하려 한다. 그러나 정책 결정과 집행을 과점하는 소수 그룹은 학교 구성원들로부터 신뢰받지 못하며, 다수의 교사들을 장악하지 못하기 때문에 효과적인 정책 결정과 집행이 이루어지지 못하는 상황이 된다. 이 유형은 과점 그룹에 의한 '무책임'이 지속되는 체계라고 할 수 있다.

（Ⅴ） **과점-관계형 리더십**: 형식적으로 학교의 '집행부'(부장단)가 선출 혹은 임명되고, 교장에 의해 이들이 일방적으로 지휘된다. 정책 결정과 집행을 과점하는 소수 그룹이 강하게 교사들을 통제하려는 유형이다. 때로 이러한 과점적 리더십이 수직적으로 각 교사 그룹에게 영향을 미칠 수는 있으나, 학교 문화가 통합적이지 못하다.

（Ⅵ） **과점-구조형 리더십**: 학교의 '집행부'(부장단)가 선출 혹은 임명되고, 교장은 이들에게 권위를 부여한다. 정책 결정과 집행을 과점하는 소수의 그룹이 통합되어 있고, 교사들 또한 중층적으로 이 소수 그룹에 의해 통합되어 있다. 과점적인 리더십이 수직적으로 교사들에게 영향을 미치고, 학교 문화가 상대적으로 통합적이다. 대다수 정책 안건이 과점 그룹에 의해 전달되지만, 과점 그룹의 정책 결정과 집행은 주로 집단적 권위와 영향력의 크기에 따라 달라진다.

(Ⅶ) **민주-방임형 리더십**: 정책 결정의 범위는 학교 구성원 전체의 참여 아래 이루어지고 교장이 이를 보장하지만, 결정된 사항의 집행을 위해 리더십은 적극적인 역할을 하지 않는다. 관리자의 권한 위임이 이루어져 비교적 민주적인 결정은 이루어지지만, 결정의 일관된 실행 여부는 불투명한 체제다. 이 경우 학교 구성원들의 학교 비전, 철학에 대한 공유 정도는 낮아진다. 따라서 민주적 결정은 흔히 교사들의 개별적 이익에 의해 좌우될 가능성이 있으며, 때로 다수에 의한 '무책임의 체계'가 발생할 수도 있다.

(Ⅷ) **민주-관계형 리더십**: 학교장의 권한 위임이 이루어져, 정책 결정이 교사들에 의해 이루어진다. 관리자, 교사 등 학교 구성원들은 학교의 비전과 철학에 대해 상대적으로 진전된 공유 수준을 갖고 있다. 그러나 관리자의 행동 패턴은 교육 이벤트와 가시적 프로그램들을 확대하기 위하여 교사들에 대한 직접적인 개별 접촉과 설득, 그리고 거래를 통해 정책을 형성하고 집행해가려 한다. 학교 공동체가 공유하는 공통 비전(공공적 목적)은 학교 교육을 보다 '정상화'하기 위한 제반의 노력으로 한정된다.

(Ⅸ) **민주-구조형 리더십**: 학교장의 권한 위임이 이루어져, 정책 결정이 교사들에 의해 이루어진다. 관리자, 교사

등 학교 구성원들은 학교의 비전과 철학을 숙고 과정을 통해 스스로 형성하고 높은 수준으로 이를 공유한다. 교사들의 정책 결정에 기초한 관리자의 행동 패턴은 교사의 숙의와 자기 교육, 집단 지성이 이루어지도록 제도화하고, 학교 교육의 목표와 철학을 교사들이 공유하고 적극적으로 실천하도록 설득하고 필요한 생태 환경을 조성한다. 학교 공동체가 공유하는 공통 비전(공공적 목적)의 수준은 학교 교육의 부단한 혁신과 질적인 개선에 따라 발전하며, 구성원들의 실천적 자각에 따라 공동체의 교육 목표와 철학이 진취적으로 재구성되는 역동성을 갖는다. 특히 이 유형의 리더십은 학교 교육의 질적인 재구조화를 위해 교사들이 '교육 지성인'으로 성장하도록 적극적으로 지원한다.

(3) 민주적-혁신적 리더십을 위하여

학교의 리더십 유형은 (I) ~ (IX) 중 어느 하나에 위치할 수 있다. 그리고 이 9가지 유형 중 몇 가지 특징들을 공유하는 과도적, 중간적 형태의 리더십도 있을 수 있다. 그러나 앞의 유형 중에서 정책 결정과 실행력, 정책 결정에 대한 참여 범위라는 측면에서 가장 효과적이고 이상적인 리더십은 민주적-구조적 리더십이다. 이는 학교 관리자가 권한 위임을 통해서 민주적 정책 결정을 추구하는데, 구성원의 민주적 정책 결정과 동의를 통해 학교의 공공적 비전이 설정되고, 이것을 발전적으로 실천하도록 하는 리더십이 그것이다. 이 민주적-구조적 리더십은 학교 혁신, 창의지성교육, 그리고 창의적이고 독립적인 민주 시민을 육성하는 데 가장 적합한 유형이다. 따라서 이 유형의 리더십은 민주적-혁신적 리더십이라고도 불리운다.

그런데 학교 현장에서 이 민주적-혁신적 리더십이 효과적으로 작동하려면 몇 가지 조건이 필요하다. 첫째, 민주적-혁신적 리더십은 관리자에게 주어진 추상적인 '통할' 규정을 넘어서 적극적인 권한 위임(empower)을 추구하고, 학교 구성원의 주체화와 체계적인 역할 분담을 추구해야 한다. 학교 공동체 구성원에게 정확한 역할과 권한을 부여함으로써, 그 위에서 주제척이고 독립적인 사고를 전개하고 공통적, 개별적 책무에 대해서도 명확한 인식을 하도록 해야 한다.

둘째, 민주적-혁신적 리더십은 교사와 교직원, 학생, 학부모의 정책 결정을 위한 안정적인 제도—가령 교무회의와 교직원회의의 결정 기구화, 학생과 학부모의 자치와 정책 관여권, 그리고 숙의 민주주의를 위한 운영위원회에 대한 실질적 권능 부여 등—를 확립하고, 여기에 교사 및 직원, 학생, 학부모의 참여를 적극적으로 유도하며 학교 구성원의 결정에 정당성을 부여해야 한다.

셋째, 민주적-혁신적 리더십은 민주적 결정 제도를 통해서 교사들—상황과 사안에 따라서는 교직원과 학부모도 포함해—

의 숙의를 유도하고 토론을 통해 학교의 비전과 철학을 공동으로 형성한다. 즉 학교 공동체가 추구해야 할 공공적 목표—이는 동시에 학교 구성원이 추구해야 할 공공적 책무이기도 하다—를 교사와 학교 구성원의 숙의를 통해 형성하도록 하는 것이다. 여기서 민주적 결정의 제도는 단지 형식적 결정만을 위한 것이 아니라, 학교 공동체의 공공적 목적과 실천 방법에 대해 집단 지성을 발휘할 '숙의의 제도'이기도 하다.

넷째, 민주적-혁신적 리더십은 학교의 민주적 제도와 관행, 문화를 형성하는 것에 머물지 않고, 교사와 학생이 학교 교육 공동체의 실질적 주체가 될 수 있도록 노력해야 한다. 이를 통해 학교가 역동적인 민주적 공동체로 재구성될 수 있도록 해야 한다. 특히 교사들이 '순응'과 '타성'을 과감히 벗어던지고 학교 혁신과 창의지성교육이라는 공공적 목표를 분명히 이해하고, 공동체의 명실상부한 주체로 설 수 있도록 노력해야 한다. 이러한 점에서 민주적-혁신적 리더십은 교사의 교육 주체화와 교육 지성인으로의 재정립을 위한 주체적인 노력을 적극적으로 지원해야 한다.

지금까지 살펴보았지만, 민주적-혁신적 리더십은 학교 공동체에서 리더십을 부정하거나 필요 이상으로 관리자의 권한을 축소하려는 것이 아니다. 민주적-혁신적 리더십으로의 학교 리더십의 전환은 불필요한 비민주적 관행을 청산하는 과정이지만,

다른 한편으로는 도리어 그 리더십을 선진화하고 정당성과 권위를 증진시키는 과정이기도 하다. 즉 민주적-혁신적 리더십은 비민주적 권한 행사를 최소화하고, 관리자의 민주적 권한과 통합적 리더십을 바로 세우기 위한 것이다. 그만큼 향후 학교 관리자의 리더십이 담당해야 하는 과업은 더욱 커질 뿐만 아니라 난이도도 복잡해질 것이다. 그리고 관리자의 리더십에서 '인간 도량(人間度量)', 즉 인품 혹은 인격 요인은 물론이고, 상황 인식과 판단, 문제 해결 및 기획 능력 등 전략적 능력도 아주 중요해질 것이다. 이러한 점에서 민주주의학교가 현실화되려면 민주적-혁신적 리더십이 결정적인 역할을 해야 한다. 나아가 민주적-혁신적 리더십이 정착하면, 리더십의 격조 또한 대단히 높아질 것이다. 왜냐하면 민주적-혁신적 리더십은 학교 공동체의 구성원, 즉 시민을 바로 세우는 역할을 하며, 이 시민의 성장에 동반하여 리더십 또한 공동체의 동의에 기반해 질적으로 성장할 것이기 때문이다.

3) 교직원의 민주적 결정

민주주의학교를 위한 민주적-혁신적 리더십은 학교 구성원의 민주적 결정 구조를 전제로 한다. 구성원의 역할의 성격과 중요도에 따라 학교 구성원들은 다양한 방식으로 학교의 정책 결정

과정에 참여해야 한다. 관리자의 고유한 정책 결정 영역은 인정되지만, 비상 상황을 제외하고는 학교 운영의 주요한 정책 결정은 구성원이 참여하는 회의를 통해 이루어져야 한다. 따라서 관리자는 교장 고유의 결정 사항을 제외한 주요한 정책을 교직원 등의 결정체에 위임하고, 그 결정을 존중하고 권위를 부여해주어야 한다.

민주주의학교의 일상적인 교육 관련 결정 제도는 교육의 일차적 주축인 '교사회의'다. 따라서 교사회의는 교사들이 집단 지성을 통해 연구한 최적의 교육 프로젝트가 학생들의 교육으로 직결되도록 경로를 열어주고, 공통된 실천 방향과 프로그램을 채택해야 한다. 교사회의의 일상적 형태는 교감이 주재하는 교무회의이며, 기능적으로 각 부서(부장)와 다양한 연구 공동체가 결합되어야 한다.

나아가 학교 운영의 실무, 혹은 교육 관련 사항이라도 행정 지원이 필요한 경우에는 직원회의를 소집할 수 있다. 다만 직원회의는 그 역할의 성격과 크기를 반영하여 제한된 결정 권한을 가질 수 있다.

민주주의학교의 최고의 결정 단위는 전체 교직원회의여야 한다. 교직원회의는 학교 공동체 전반의 가장 주요하고 포괄적인 중요 업무에 대해 심의와 의결을 하는데, 학교장이 주재하고, 교장, 교감, 수석 교사, 각 부장 등의 각 단위로부터의 기획 입안에 기초한 논의를 진행해야 한다.

(1) 관리자: 기획 입안, 결정, 그리고 리더십

교사회의 및 교직원회의를 활용한 교직원의 결정은 교육의 공공성을 살리고 학교 교육의 본질적인 혁신을 지향하는 것이어야 한다. 민주주의학교의 결정 구조는 학교 공동체의 공공적 목표, 즉 공통 비전을 형성하고, 교직원과 관리자가 함께 이 공공적 목표를 추구하도록 한다. 이러한 학교 주체들의 공공적 재구성은 민주적-혁신적 리더십을 전제로 한다.

새로운 민주적 학교 공동체, 즉 민주주의학교는 지금까지와는 달리 새로운 영역으로 리더십의 확대를 요구하고 보다 스마트한 새로운 유형의 리더십을 요구한다. 앞서 언급했지만, 민주주의학교는 민주적-혁신적 리더십과 학교 구성원 사이의 통합적 상호작용의 관계로 이루어진다. 이때 민주적-혁신적 관리자는 각 개별 구성원들에게 학교 공동체 성원으로서의 정체성을 부여해주고, 민주적 과정을 통해서 공동체적 삶의 방향과 그 적극적 의미를 설득하고 부여해줄 수 있어야 한다. 민주화된 학교 공동체 속에서 관리자는, 첫째 학교의 비전 제시자로서, 둘째 학교의 민주적 제도의 옹호자로서, 셋째 주요 정책에 대한 기획 입안자, 즉 발의자로서, 넷째 민주적 결정 사항에 대한 권위 있는 집행자, 즉 실천가로서 품격과 권위, 명예를 갖는 역할을 요구받게 된다. 그리고 교장으로서 고유한 정책 결정 사항은 충분히 존중되어야 한다.

(2) 교직원: 민주주의학교의 주체화

민주주의학교는 관리자의 리더십 변화나 제도의 변화만으로 완성되기 어렵다. 민주주의학교가 구현되려면 무엇보다도 교육의 일차적 주체인 교사가 자기 성찰을 통해 교육 혁신, 즉 학교 공동체의 사실상의 주체가 되어야 한다. 이를 위해 교사들은 새로운 시대에 걸맞은 스스로의 사회적 정체성을 확보하고, 이를 뒷받침할 수 있는 자기 혁신을 도모해야 한다. 그리고 교육 행정 당국과 민주주의학교의 리더십은 교사들의 이러한 자기 혁신 움직임을 전면적으로 지지하는 체제를 갖추어야 한다.

민주주의학교는 교사가 교수처럼 독립적인 전문적 연구 및 교육 주체로서의 자기정체성을 살려나가야 한다고 본다. 교사는 관료적 학교 문화의 순응주의를 넘어서, 학교 공동체 문화의 새로운 창달자이면서, 본질이 살아 있는 고품격의 학교 교육을 위한 적극적인 지식, 문화, 철학의 도입자이자 창조자여야 한다. 이러한 점에서 교사는 학생들과 더불어 새로운 배움과 발견을 추구해가는 창의지성교육의 전문가(master)여야 한다. 이러한 교사상은 지금까지 근대 산업 인력의 육성을 지향하는 단순화되고 표준화된 지식의 기능적 전수자라는 위상을 넘어, 교육 내용을 지속적으로 업그레이드하고 이를 학생들의 배움으로 연계하는 주체적인 지식 형성자로서 위상을 갖게 된다. 이러한 점에서 교사는 교육을 위한 전문적 연구와 준비를 업(業)으로 하는 전문적 연구자로 재규정하고, 스스로 비판적 사고와 지성의 주체로 자리매김해야 한다. 이렇듯 본질적 교육에 혼신의 힘을 다하는 새로운 교사가 민주주의학교의 주체로 서야 하며, 학교를 진정한 '학문 공동체'로 전환해가야 한다.

민주주의학교는 우선 새로운 교사상을 선도적으로 실천해가는 혁신적인 교사군(敎師群)이 중요하다. 젊고 의욕 있는 교사이건, 경륜과 철학이 있는 교사들이건, 혁신학교, 창의지성교육, 학생 인권 활동, 민주 시민 교육 등에서 역량을 입증한 교사들이 바로 그들이다. 먼저 혁신적인 교사군이 교육 및 학교 공동체 전환 활동에 헌신할 수 있도록 몇 가지 중요한 노력이 필요하다. 첫째, 교원 양성을 전담하는 교육대학이나 사범대학에서 미래 교사들의 민주적 시민적 삶의 역량을 성장시킬 수 있는 교육과정을 강화하고, 민주주의학교의 필요성과 그 실천에 대한 교사의 필수 프로그램을 이수하도록 하고, 둘째, 교사 임용 과정에서 민주주의학교 형성 능력 및 개인적인 민주 시민 역량을 평가할 수 있는 기준을 마련하며, 셋째, 민주적-혁신적 교사 역량을 우선적으로 발굴함으로써 이들이 학교 개혁 및 운영에서 중심에 설 수 있도록 해야 한다. 이러한 민주주의학교의 주체 형성을 위해 필요한 행정, 인사상의 우대 및 다양한 교육 및 연수 등의 인센티브가 필요하다. 가령 수석 교사, 전문직, 관리자 등의 승진에서의 민주주의학교 활동 경력과 성과를 우선적으로 반영하는 것도 민주적-혁신적 교사군의 형성에 중요한 역할을 할 수 있을 것이다.

4) 학생 자치와 학교 운영 및 교육 과정에 대한 학생 참여

민주주의학교의 궁극적 성과는 학생 교육에서 나타난다. 민주주의학교의 가장 큰 목적은 학생들에게 질 높고 본질적인 교육이 구현되도록 하는 것이다. 한편 이와 동시에 민주주의학교는 학교 공동체의 하나의 구성 주체로서 학생의 민주적 자치와 학교 운영 및 교육 과정 운영에 참여하도록 해야 한다. 학생은 학교 공동체의 구성 주체이면서도, 다른 한편으로 창의지성교육의 주체이자 대상이라는 다소 혼재된 특징을 갖는다는 점에서 자치의 형식과 참여 범위가 결정되어야 한다.

(1) 학생 자치와 학교 공동체에 대한 참여

학생들은 지식 전이 교육의 일방적이고 소외된 지도 대상이 아니라, 창의지성교육의 참여적 배움의 주체다. 학생들이 학습 과정의 본격적인 주체로 나설 수 있으려면, 그들이 살아가는 일상적 생태 공간인 학교에서 공동체의 주체로서 충분한 자유와 권리를 누리고, 나아가 그 운영 과정과 교육 내용에 참여할 수 있을 때 비로소 가능하다. 먼저 학생들은 스스로 학생 자치의 규칙을 결정—혹은 동의—하고 자치를 살아가는 주체여야 한다. 그러한 자치를 통해서 학생들은 주체적으로 스스로의 권리—학생 인권을 포함한—를 옹호하고, 학생 스스로의 공동체를 유지·발전시키기 위한 구성원으로서의 책무성을 인식하고 이를 실천에 옮기는 시민적 자세를 육성해야 한다. 학생들의 실질적 자치는 학생들을 민주적이고 연대적인 시민 인격으로 재구성할 수 있도록 한다. 즉 학생들은 민주주의학교를 통해 스스로 학교 공동체의 일원으로서 공통 목적과 질서를 만들고 공동체의 발전을 위해 적극적으로 실천하며, 이를 위해 서로 소통하고 배려하며 연대하는 시민으로 재탄생하는 것이다.

나아가 자치 활동을 통해 학생들은 학생 공동체의 유지·발전—학칙 및 학생회칙의 준수와 발전—이라는 관점에서, 일상적인 자치 과제는 물론, 학생 폭력 등의 학생 일탈 행위에 대해서도 포용적이고 자정적으로 대응력을 발휘할 수 있을 것이다. 일종의 민주적 집단 지성과 이를 통한 학교 및 학생 문화의 현격한 개선이 가능해질 것이다.

한편 학생들은 자치 활동을 통해서 스스로의 공동체를 유지·발전시킴과 동시에, 학교의 주요 사안에 집단적 의견을 제시하고 이를 반영해야 한다. 학생들은 학교 운영과 관련된 핵심 사안, 학생 생활과 관련된 주요 사안, 그리고 학교 교육 과정 편성 및 운영과 관련된 사안에 대해 참여하여 집합적 의견을 제시할 수 있고, 학교 당국은 이를 반영하여야 한다. 즉 학생들은 교장과의 정기적 회합이나 교직원회의, 교사회의, 학교 운영위원회 등에 참여하여 의견을 개진하고 학생들의 의견은 학교 운영에 반영되어야 한다. 이러한 학생의 학교 운영 참여는 학교가 학생들에게 일방적, 관료적으로 주어지는 공간이 아니라 스스로가

만들어가는 자신의 공동체로 인식하고 그 공동체를 사랑하도록
하는 지름길이다.

(2) 학교: 민주적 시민 능력의 실천적 교육장

민주주의학교가 구현된 학교는 민주적 공동체와 시민 철학이 살
아 있는 시민 교육의 장이 된다. 학생들은 학교 생활을 통해서
우리 사회의 민주적 시민으로서의 자질과 역량을 키울 수 있다.
이렇듯 학생들은 민주주의를 일상적으로 살아가는 조건 위에
서 민주 시민으로서의 교과 교육, 가령 '시민 교육(civic educa-
tion)'의 실천적 의미를 더욱 잘 살릴 수 있다. 따라서 민주주의
학교는 학생들이 학교 공동체 구성원으로서 민주적으로 살아가
는 일상적 삶이자, 미래 우리 사회를 책임질 훌륭한 민주 시민으
로 성장해가는 실천적 체험장이 될 수도 있는 것이다.

따라서 민주주의학교와 내실을 강화하기 위하여 학교 내외
의 다양한 학생 동아리 활동이 장려될 필요가 있다. 그리고 반,
학년, 학교 전체 차원의 중층적인 민주적 자치회(학생회)가 활
성화되어야 한다. 이러한 민주주의학교의 다양한 장들은 학생들
에게 민주주의의 자기 주도적 실천 학습의 장이며, 창의지성교
육의 주체적인 학습자로 나설 수 있도록 하는 결정적인 교육 생
태계로 기능할 것이다.

(3) 학교 스트레스 구조의 해소와 교육의 본질 회복

최근 학교 폭력, 왕따 문제 문제 등의 학생들의 일탈 행위는 학교 내부에만 국한된 단순한 문제가 아니다. 이 일탈 행위들은 사회적인 양극화 문제가 직간접적으로 파급되거나, 사회적 연대 의식이 부족한 원자화된 학생들의 문화가 공격적인 쏠림 현상으로 나타난다든지, 그리고 그 위에서 학생과 학교의 관료주의적 권위의 충돌 및 부조화가 중첩된다든지 하는 등의 다차원의 문제가 작동한다. 그러나 민주주의학교는 학생들에게 새로운 공동체 형성의 기회를 주고, 학교의 권위 구조를 민주적으로 변화시키고 학교의 결정 구조에 학생들의 집합적 접근 통로를 개방해 준다. 이러한 이유로 민주주의학교는 학생들의 공동체적 책무성을 제고하고 다면적이고 중첩적으로 주어지는 갈등 구조를 이완시키고, 이를 집합적으로 자정할 수 있는 계기를 준다고 할 수 있다. 따라서 민주주의학교는 학생들에게 학교의 신뢰를 회복할 수 있는 가장 중요한 방법이기도 하다.

민주주의학교를 통한 학생들의 공동체 형성과 학교 공동체에 대한 애정과 신뢰 회복은 학교의 본질인 '공부'의 중요성을 환기시켜줄 것이다. 학생들은 민주주의학교 속에서 스스로의 삶을 성찰하고 주체된 입장에서 진정한 배움에 관심을 기울이게 되며, 다양한 자신만의 '지성'을 개발하고 발전시키게 된다. 설령 학교에 대한 신뢰가 상대적으로 낮고, 일방적인 기존 학교 문화에 적응하기 어려웠던 학생들이라고 하더라도, 민주주의학교를 통해서 스스로 활력 있는 학생 공동체를 회복하고 교사 및 학교와 신뢰관계를 회복함으로써 다양한 유형의 성공적 '학업'을 이룬 사례는 적지 않다.

가령 프랑스의 생나제르(Saint-Nazaire)에 있는 생나제르 자치고등학교는 프레네 교육 방식을 원용하여 철저히 민주화된 학생 공동체를 만들고 있는데, 이를 통해 가장 자발적이고 활성화된 학교 문화를 만들고 '다양한 수월성'을 추구하고 있다. 그리고 우리는 가까이 혁신학교인 용인의 흥덕고등학교 사례를 주목할 수도 있다. 초기에 분산되고 편차와 갈등 요인을 안고 있던 학생들이 민주적-혁신적인 관리자와 교사들의 정성스러운 자치적, 민주적인 지도와 만남으로써, 스스로 공동체의 주체임을 발견하고 배움의 중요성을 인식하게 된 것이다. 결국 교실에서 행복한 배움의 의미를 발견하지 못하던 학생들이 민주주의학교를 통해서 교실로 복귀하여 '공부'를 즐기는 모습을 보여주었던 것이다. 이는 자치, 참여, 그리고 책임을 원리로 하는 민주주의학교가 학생들에게는 자기 성찰을 가능하게 하고, 궁극적으로 학습의 주체로서 자신을 재발견하게 해줌을 잘 보여준다.

5) 자치와 협육: 학부모, 지역 사회의 관여, 그리고 교육 행정

민주주의학교는 관리자, 교사, 학생을 직접적인 구성 주체로 하지만, 직간접적으로 교육부 및 도교육청을 중심으로 한 교육 행정, 그리고 학부모, 지역 사회의 올바른 관여를 통해서 최종적으로 완성된다. 가령 민주주의학교는 교육부, 도교육청 등의 교육 행정과의 관계에서 '올바른 자치'가 뒷받침되어야 하며, 학부모와의 관계에서는 '협육'이, 그리고 지역 사회와의 관계에서는 혁신의 완성을 위한 '협력'이 뒷받침되어야만 균형 있게 발전할 수 있다.

(1) 협육과 협력: 학부모와 지역 사회

학부모는 학생들의 교육권을 갖고 있지만, 그들의 권리를 학교에 위임하고 있다. 그만큼 학부모는 민주주의학교에 대해 직간접적인 관여권을 가진다. 그러나 그들은 직접적인 학교 교육의 당사자가 아니므로 학교 운영과 교육 과정에 대한 직접적인 '결정자'라기보다는 주로 학생 생활과 교육 영역에 대한 참여와 협력을 중심으로 하는 핵심적 '관여자'의 위상을 갖게 된다.

학부모들의 학교 공동체에 대한 관여는 그들이 갖고 있는 치열한 교육열과 다양한 지적·문화적 자산, 그리고 교육 문제에 대한 구조적 판단 능력 등을 고려할 때 보다 적극적으로 확대해 갈 필요가 있다. 즉 민주주의학교와 품격 높은 교육에 대한 학부모의 관심과 관여는 학교 혁신을 가능하게 하는 주요한 생태 환경이자 원동력이 된다. 이러한 점에서 학부모는 가장 적극적인 교육 혁신의 관여자이자 지원자이고, 부분적으로 실천가들이기도 하다. 민주주의학교 속에서 학부모는 자기 자녀만을 위한 사적(私的)인 학부모를 넘어, 전체 교육 개혁의 방향 속에서 자녀 교육을 고민하는 공공적이고 혁신적인 학부모다. 이러한 공공적-혁신적 학부모의 형성에 기여하고 학교 공동체에 대한 그들의 관여를 보장하기 위해서, 독립성을 갖고 수평적인 연대망을 갖춘 민주적인 학부모회의 구성과 적극적인 활동이 필요하다. 따라서 학부모회는 민주주의학교를 형성하고 강화하기 위한 지극히 적극적인 시민적, 공공적 활동으로 인정되어야 한다.

나아가 학교 생태계의 개혁은 지역 사회에 의해 총체적으로 뒷받침될 때, 안정적으로 추구될 수 있고 성공적인 결과를 얻을 수 있다. 민주주의학교는 지역의 민주적 시민 사회와 그것이 보유하고 있는 사회적, 문화적, 교육적 자산에 의해 지원되고 뒷받침되어야 한다. 나아가 민주주의학교가 추구하는 창의지성교육은 지역의 공부하는 사회(learning society)와 결합되어야 한다. 이러한 점에서 민주주의학교와 창의지성교육은 지역 시민 사회 및 지방 자치체의 관여와 협력을 적극적으로 조직할 필요가 있다. 지역별로 적정 규모의 분권 자치 교육 공동체를 형성하고, 이 속에서 민주주의학교와 창의지성교육을 지원하는 지역적 교육 인프라가 충실하게 제공된다면 학교 교육의 질적 혁신은 대단히 용이해질 수 있다.

현행 운영위원회는 민주주의학교에서 학부모와 지역 사회의 확실한 관여를 보장하는 숙의 민주주의의 제도로서 의미가 막중하다. 운영위원회는 민주주의학교에서 학생의 의견을 반영한 교사 혹은 교직원의 일상적 결정을 최종적으로 심의·재결정하는 일종의 '상원'으로서 기능한다. 학부모와 지역 사회의 견해를 반영하여, 학교 내의 결정 사항을 재고(再考)하고 숙고(熟考)함으로써 정책 결정의 올바름을 더욱 증진시킬 수 있는 것이다. 한편 운영위원회는 학부모나 지역 사회가 적절히 대표성을 발휘하기 어려운 상황을 악용하여 관리자의 거수기(擧手機) 조직으로 전락시키는 경향이 있다는 사실을 알아야 한다. 학부모나 지역 사회의 대표를, 관리자의 입장을 대변하는 인물로 구성하기 때문이다. 이러한 점을 보완하기 위해 학부모 대표는 공식 조직인 학부모회의 대표, 지역 사회 대표는 지역 사회 공적 풀뿌리 시민 조직의 추천 인사 등으로 구성한다면, 학교 운영위원회는 민주주의학교의 최종 정책 결정 단위로서 그 정당성의 기반을 갖출 수 있을 것이다.

(2) 교육 자치: 교육 행정

한편 민주주의학교가 지금껏 발전하지 못한 데에는 관리자, 교직원, 학생 등 학교 내부의 세 주체 사이에 존재해온 관료주의와 순응주의라는 왜곡 요인 때문이기도 하지만, 더 나아가 보다 상위의 구조적인 문제 때문이기도 하다. 요컨대 관료주의적이고 중앙 통제적인 교육 행정이 갖고 있는 상명하달식의 정책 과정은 일선 학교의 관료주의와 순응주의를 더욱 강화시키고, 학교 혁신을 위한 자율성의 공간을 대폭 위축시켜버린다. 학교 혁신과 민주주의학교, 나아가 창의지성교육은 학교 현장의 준비와 주체 형성, 그리고 변화를 가장 중시하는 민주적이고 소통적인 교육 행정이 뒷받침되지 않으면 사실상 어렵게 된다. 그리고 교육 혁신의 기본적 장(場)인 학교와 지역이 하나의 자율적인 생태계로 발전해갈 수 있도록 확실한 자치의 기준이 주어져야 한다. 이렇듯 민주적이고 소통적인 교육 행정과 학교 및 지역의 자치가 뒷받침될 때 비로소 민주주의학교는 안정적이고 지속적으로 발전할 수 있다.

우선 시도별 교육 자치를 위한 교육부의 대폭적인 권한 위임이 필요하다. 이를 위해서는 교육 행정의 새로운 패러다임이 필요한데, 행정 원칙으로서 결정권을 중앙이 독점하거나 세세한 지침을 통해 통제하기보다는 핵심적 주요 사안들에 대한 결정권을 대폭 자치체에 위임하고서 최소한의 가이드라인을 전제로 한 원칙적 규율이 필요하다. 이를 위해 교육 자치 및 민주주의학교를 부정하는 교육부의 독점적 결정권을 재조정하고, 지역 교육 자치체에 초중등 교육과 관련된 거의 모든 정책 권한을 이관해 주어야 한다. 나아가 교장 공모제 등의 학교 현장 자율권이나 민주주의학교의 발전을 저해하는 교육부의 행정 정책은 과감히 폐지되어야 한다. 이리하여 명실공히 교육 정책의 분권 자치가 이루어져야 한다.

나아가 시도 교육청에 대해서도 마찬가지 원칙이 필요하다.

학교와 지역에 대한 교육청의 대폭적인 권한 위임이 필요하고, 학교와 지역 단위의 자치 기준이 명시적으로 인정되어야 한다. 나아가 제2의 조직 개편을 통해서 교육 행정을 통합화하고 스마트화하되, 교육지원청이 학교 혁신 및 민주주의학교, 창의지성 교육 등에 대한 소프트면의 지원을 대폭적으로 강화할 수 있도록, 역량 및 효과성을 획기적으로 개선해야 한다. 나아가 민주주의학교를 발전시키기 위해서는 행정적 감사 기준의 일관성과 민주주의학교의 기본 철학과의 합치성이 존재해야 한다. 나아가 교원의 진취적인 교육 활동 및 교육 실험에 대한 적극적인 면책 제도를 활성화하고, 민주주의학교 참여 및 새로운 교육 활동을 위한 교원 행정 업무를 대폭 삭감해야 한다. 특히 학교장이 스스로의 책임을 피하기 위해 민주주의학교의 실천, 교사의 주체적인 교육 활동에 간섭하고 이를 저지하는 풍조를 예방해야 한다. 이를 위해서 무엇보다 중요한 것은 민주주의학교를 위한 관리자와 교사의 책임 범위를 명확히 하고, 교육 행정의 감사 기준을 자치와 자기 책임을 전제로 대폭 재조정할 필요가 있다.

한편 민주주의학교와 창의지성교육을 내용으로 하는 새로운 혁신교육이 성공적으로 구현되려면, 지역적 교육 연계(통합)성과 교육문화 자산의 분포, 그리고 교육 혁신의 적정 규모 등을 고려하여 지역 공동체적 접근을 취할 필요가 있다. 가령 이 지역 공동체 내부에서 초중고등학교를 연계하여 민주주의학교와 창의지성교육을 내용으로 하는 새로운 혁신교육을 구현하는데, 이를 위해서 지방 자치체의 대대적인 예산 및 행정 지원, 나아가 지역 사회의 역사 및 교육문화 자산, 시민 사회 역량, 사회 및 교육복지 역량, 그리고 창의지성교육을 지원할 교육 인프라—독서토론 교육 지원센터, 문화예술-박물관 교육 지원센터, 체험 및 실험 교육 지원센터, 사회적 실천 학습 지원센터 등—등의 지원이 체계적으로 이루어져야 한다. 이를 통해 각 지역 공동체에 역사적, 사회적, 문화적 특질을 반영한 새로운 혁신교육, 창의지성교육을 구현해야 한다. 이러한 지역적 혁신교육, 창의지성교육의 구현은 지역 교육 공동체의 분권과 자치가 확실하게 보장되지 않으면 안된다. 가령 새로운 혁신교육의 철학, 내용, 방향을 공유하되, 이것의 현실적 구현을 위한 구체적 설계와 실천은 지역 교육 공동체의 거버넌스에 과감히 이관되어야 한다. 이러한 점에서 민주주의학교의 가장 현실적인 구현 방법은 지방 자치체와의 심화된 협력을 전제로 하는 '분권 자치 교육 공동체'여야 한다.

VI

제4차 산업혁명과 인공지능 시대의
디지털 시민역량(Digital Literacy)

Ⅵ. 제4차 산업혁명과 인공지능 시대의 디지털 시민역량(Digital Literacy)*

1. 디지털 시민역량, 디지털 사회의 필수 · 보편적 능력

인공지능(AI), 로봇, 사물인터넷, 자율자동차, 블록체인, 퀀텀컴퓨팅 등 사회를 근본적으로 변화시킬 혁신적인 기술이 연이어 등장하면서 이른바 '4차 산업혁명' 시대가 다가오고 있다. 이러한 기술들과 결합한 모바일 플랫폼, 센서, 소셜 협력(콜라보레이션 collaboration) 시스템이 사람들의 삶과 일, 소통의 방식을 혁명적으로 변화시키고 있다. 우리는 디지털 기술에 둘러싸여서

---

* 이 장에서 다룬 내용은 2017년 대한민국 교육부와 한국연구재단의 지원을 받아 수행된 연구(NRF-2017S1A3A2066659)의 성과임을 밝힌다.

생활하고 있다. 그러나 이러한 디지털 기술혁신은 장미빛 미래만을 보장해주는 것은 아니며, 기술혁신으로 인해 인간의 삶은 새로운 기회와 동시에 위기에 노출되고 있다. 따라서 이제 개인은 디지털 기술혁신이 가져다주는 새로운 기회를 최대한 향유하고, 국가는 기술혁신이 근대적 인간 사회의 종말이나 사회적 불균형을 초래하지 않도록 하기 위해 4차 산업혁명 시대의 새로운 역량를 함양할 필요가 있다.

오늘날의 청소년 세대들은 모든 생활을 디지털 방식으로 하는 데 익숙한 세대이기에 종종 '디지털 원주민(Digital Native)'[1] 나아가 테크노홀릭(Technoholic)으로 불리어진다. 세계 모든 나라의 청소년들이 모두 유사하지만, 한국의 청소년은 특히 디지털 기술혁신이 가져오는 새로운 삶의 방식을 매우 적극적이고 깊이 수용하여 내면화하고 있다. 그러나 한국의 청소년 대부분은 디지털 기술에 깊이 의존하지만 주도성이 떨어지는 단순한 아마추어 정보통신 기술의 이용자, 수동적 소비자에 머물러 있다. 즉 디지털 기술의 작동 메카니즘과 그로 인한 개인적·사회적 영향, 디지털 사회의 본질 등에 대해 충분히 습득하고 숙지하

---

1 디지털 원주민은 미국 교육학자인 마크 프렌스키(Marc Prensky)가 처음 사용한 용어이며, 1980년대 개인용 컴퓨터 보급, 1990년대 휴대 전화와 인터넷 확산의 시기에 성장기를 보낸 1981년부터 1994년 사이에 태어난 세대를 의미한다. Marc Prensky, (2001) "Digital Natives, Digital Immigrants Part 1", *On the Horizon*, Vol. 9 Issue: 5, pp.1-6.

지 못한 채 각종 디지털 기술이 유도하는 사이버 공간에 깊이 빠져 있다.

4차 산업혁명 시대에는 디지털 이전 시대의 지식과 가치관 그리고 생활습관만으로 살아갈 수 없다.[2] 디지털 시대를 살아가기 위해서는 디지털 시대의 모든 지식, 가치 및 비판적 사고, 의사소통 및 정보 습득과 관리 기술을 배워야 하고, 이 시대의 주역으로 살아가야 할 청소년들은 더욱 더 인류의 지적 유산에 단단히 뿌리를 내리면서 새로운 디지털 언어에 기반한 지식을 배워야 한다. 앞으로의 시대에는 교육, 취업, 의료 및 복지 서비스, 나아가 민주 사회의 주체로서 정치적 참여 기회에 접근함에 있어서 디지털 시민역량이 부족한 시민은 정치적, 그리고 사회경제적으로 낙후되거나 생활에 어려움을 겪을 수밖에 없다.

---

2   제4차 산업혁명을 주제로 2017년 1월 열린 세계경제포럼(World Economic Forum)에서는 향후 세계적으로 제4차 산업혁명이 본격화될 것이며, 여기서 핵심적인 것은 '디지털-피지컬 통합(digital-physical integration)'이라는 논의가 이루어졌다. 즉 4차 산업혁명 시대에는 디지털이 단순히 인간의 삶에서 활용되는 것에서 인간의 일상에 통합되는 존재로 변화된다는 것이다.

2. 디지털 시민역량의 개념

디지털이 정보통신 기술혁신이 가져오는 기술과 서비스, 콘텐츠를 포괄하는 개념이고, 역량가 글을 읽고 이해하고 쓸 줄 아는 문해력을 의미하는 개념이라 할 때, 디지털 시민역량이란 디지털을 이해하고 활용할 줄 아는 능력을 의미하는 것이다.[3] 이때 내용적으로는 크게 디지털 기기의 이용에서 장점을 향유하기 위한 이용 능력과 단점에 대한 대응 능력의 두 가지 차원을 포함하는 개념이라 할 수 있다.

디지털 시민역량을 구성하는 필수적 요소로는 사용(use), 이해(understanding), 창조(create)를 제시할 수 있다.[4]

첫째, 사용(use)은 컴퓨터와 인터넷을 사용하는 데 필요한 기술적 유창함, 즉 숙련도를 의미한다. 이에 해당하는 기술이나

----

3 디지털 시민역량 개념은 학문적으로 명확히 정립되어 있지 않은 상태이며, 따라서 다양한 관련 및 유사 개념들과 혼용되어 이해되고 있다. 디지털 시민역량과 자주 혼용되는 관련 개념들로는 미디어 역량가 있고, 이외에도 정보 역량, 온라인 역량, ICT 역량 등 다양한 용례의 개념이 있다.

4 캐나다의 디지털과 미디어 역량센터의 정의를 참고하여 구성하였다. Canada's Center for Digital and Media Literacy(http://mediasmarts. ca/).

역량은 워드프로세서, 웹브라우저, 이메일 및 기타 통신도구 같은 컴퓨터 프로그램을 사용하는 기본 기술에 대한 지식에서부터 검색 같은 디지털 지식 자원에 대한 접근과 보다 전문적 사용 능력에 이르기까지 광범위하다. 최근에는 검색 엔진, 온라인 데이터베이스, 클라우드 컴퓨팅 같은 신기술의 활용 능력도 이에 포함된다. 둘째, 이해(understancing)는 디지털 미디어를 비판적으로 평가하는 데 필요한 것으로서 정보를 찾고, 평가하며 정보에 기반하여 효과적으로 의사소통하며, 협업 및 문제 해결에 필요한 정보 관리 기술을 습득하는 것이 포함된다. 셋째, 창조(create)는 디지털 기기를 이용해 콘텐츠를 제작하고 다양한 디지털 미디어 도구를 이용해 효과적으로 통신할 수 있는 기능을 의미한다.

이러한 필수적 요소를 중심으로 검토해보면, 디지털 시민역량 개념에 대한 보다 포괄적이면서 명확한 정의가 가능해진다. 즉 디지털 시민역량은 디지털 사회를 살아가는 힘으로서, 그것을 위해 필요한 능력으로서는 디지털 도구와 기술의 활용 능력(사용), 디지털 미디어 콘텐츠에 대한 이해와 활용 능력(창조), 그리고 디지털 기술과 미디어에 대한 비판적 수용으로서 분석, 평가, 해석 능력(비평), 그리고 디지털을 활용하여 표현하고 참여하는 능력(소통)을 포함한다.

또한 디지털 시민역량은 단순히 기술적 노하우 이상의 것이며 일, 학습, 여가 및 일상생활에 접목되어 있는 다양한 윤리적,

사회적 및 성찰적 실천이 포함되는 개념이다. 따라서 디지털 시민역량은 멀티 역량(multi-literacy)로 구성되어야 한다. 즉 디지털 시민역량은 구체적인 기술에 대한 학습의 집합이 아니라, 다양한 분야의 문해력과 역량으로부터 이끌어내고 확장해서 구성하는 하나의 종합적 프레임워크다. 멀티 역량로서 디지털 시민역량을 구성하는 요소로는 미디어 역량(Media literacy), 기술 역량(Technology literacy), 정보 역량(Information literacy), 시각적 소양(Visual literacy), 커뮤니케이션 능력(Communication literacy) 그리고 사회적 소양(Social literacy) 등이 있다.

디지털 시민역량을 구성하는 다양한 요소로서 각각의 소양과 역량의 핵심적 내용들은 살펴보면 다음과 같다.

첫째, 미디어 역량는 미디어에 접근하고 분석, 평가, 제작할 수 있는 능력, 즉 미디어 활용 능력을 의미하며, 여기에는 '비판적 사고(Critical thinking)'가 가장 핵심 요소다.

둘째, 기술 역량는 기술과 도구의 사용 능력을 의미하는 것으로서 기초 컴퓨터 기술부터 디지털 영화 편집이나 코딩 같은 복잡한 작업까지 포함하는 것이며, 단순히 기술에 대한 능숙함만이 아니라 기술에 대한 비판적 인식, 성찰, 책임감을 포함하여 바람직한 온라인 습관도 포함하는 개념이다.

셋째, 정보 역량는 필요한 정보에 접근하는 능력, 온라인에서 정보를 찾는 방법, 정보를 비판적으로 평가하는 방법을 포함하며, 디지털 방식으로 지식을 습득하는 것이 여기에 해당된다.

넷째, 시각적 소양은 디지털 기반의 시각적 메시지를 이해하고 시각적 콘텐츠를 생산하는 능력으로서 시각적 소양은 디지털 사회에서의 교육과 의사소통에 필수적 요소다.

다섯째, 커뮤니케이션 능력은 네트워크 사회에서 다른 사람들과 소통하고, 사고하고, 조직하고, 연결하는 능력을 의미한다. 특히 음악, 비디오, 온라인 데이터베이스, 기타 미디어 등 여러 출처의 지식을 통합하는 방법과 자신의 지식을 주변에 확산하고 공유하기 위해 여러 소스를 사용하는 방법을 알아야 하는데, 이러한 것도 커뮤니케이션 능력에 포함된다.

여섯째, 사회적 소양은 디지털 사회의 시민으로서 참여하기 위해 필요한 사회적, 정치적 역량을 의미한다.

3. 디지털 사회의 시민역량과 교육의 방향

디지털 시민역량은 디지털 환경을 살아가야 하는 디지털 시민으로서의 필수적이고 보편적 능력으로서 디지털 시민의 역량[5] 차

5　일반적으로 역량이란 한 사람이 타고난 능력과 재능이면서 동시에 정치·사회경제적 환경에서 선택하고 행동할 수 있는 기회의 집합이라 할 수 있다. 이때 개인 즉 시민의 역량을 발전시키는 것은 개개인이 그

원에서 다뤄져야 한다. 따라서 우리 교육이 디지털 시민역량을 어떻게 포함시킬 것인가는 지금 당장 고민해야 할 시급한 과제다. 디지털 시민역량을 우리의 학교 교육, 그리고 디지털 시민역량의 발전의 관점에서 수용할 때 반드시 지켜져야 할 기본적 원칙들에 대해 살펴보자.

먼저, 디지털 기술을 이용·생산하고, 디지털로 연결된 존재로서의 시민 개념에 대한 고려가 우선되어야 한다. 국내에서는 정보기기의 활용에 따른 디지털 격차 해소 정책의 차원에서 정보기술 관련 역량 정책이 추진되어왔으나, 주로 컴퓨터 보급 및 교육 등 하드웨어 이용 차원의 역량에 국한된 것이었다. 4차 산업혁명 시대에는 단순히 기술을 이용하고 소비하는 인간으로서가 아니라 디지털을 통해 생산하는 인간이고, 디지털로 연결된 (networked) 존재이므로 이러한 사회에 필요한 활용 및 연결 교육이 필요하다.

둘째, 디지털 미디어 정보의 판단 능력 향상을 위한 역량가 되어야 한다. 즉 디지털 기술 혁신으로 인해 디지털 시민역량의 주요 구성 요소가 단순히 기술 노하우의 습득만이 아니라, 기술 이용과 관련한 비판적 사고가 중요해졌다. 따라서 기술적 측면에만 주목하는 역량가 아니라, 디지털 미디어의 정보를 판단하

사회에서의 인간다운 삶을 누리기 위해 필수적이다. Martha C. Nussbaum, *Creating Capabilities*, Harvard University Press, 2011.

고 비판적으로 이해하는 능력을 향상시키기 위한 역량도 포함되어야 한다. 지난 2016년 미국 대선 이후에 한국을 포함하여 전 세계적 관심의 초점이 되고 있는 가짜 뉴스 사태는 디지털 미디어 정보의 판단 능력의 중요성을 환기시켜주었다. 미국의 캘리포니아주와 워싱턴주에서 발의된 가짜 뉴스 판별을 위한 교육법 개정은 이러한 목적을 위한 시도들이라 할 수 있다.

셋째, 단발성 교육이 아닌 평생 교육의 관점에서의 역량여야 한다. 새로운 시대에 개인들은 디지털 기기 이용 능력, 숙련도를 학생 시절과 같은 특정한 시기에 집중 학습하는 데 그쳐서는 디지털 혁신의 시대를 살아갈 수 없다. 디지털 시민역량의 대상은 유아부터 노인 세대까지 성장의 과정을 따라가며 이루어지는 교육이어야 한다. 4차 산업혁명 시대의 디지털 시민역량 교육은 기술 및 서비스의 출현과 지속적 업데이트를 고려한 지속적 업데이트 관점에서 이루어져야 하고, 교육 또한 학교와 일터, 나아가 지역 등의 다양한 커뮤니티를 중심으로 이루어져야 할 것이다.

넷째, 디지털 격차(Digital Divide) 및 디지털 격리(Digital Isolation)의 해소를 위한 교육이어야 한다. 최근 등장하는 다양한 혁신적 기술은 그 이용의 혜택을 받는 자와 아닌 자, 관련 정보를 가진 자와 아닌 자, 나아가 정보의 습득 속도, 양과 질 등에서 차이가 매우 크기에 디지털 격차가 심화될 수 있다. 나아가 디지털 기술 및 정보 습득에 뒤쳐진 사람들은 디지털 세상에서 소외되고 격리되면서 새로운 소외 계층이 발생할 수 있다. 정보가 곧 자산인 디지털 사회에서는 디지털 격차와 격리가 정치·사회·경제적 문제가 될 가능성이 있다. 따라서 디지털 격차를 방지하고 공평한 활용의 기회를 제공하기 위한 디지털 시민역량 함양 교육을 위한 국가 차원의 대책 마련이 필요하며, 특히 디지털 소외자가 되기 쉬운 저소득층, 장애인, 고령자 등의 사회적 약자에 대한 배려가 필요하다.

4. 디지털 시대 시민 민주주의 성장을 위한 교육의 전면적 재구성

디지털 혁신이 주도하는 4차 산업혁명 시대에는 디지털 시민의 역량이 한 사회와 국가의 현재와 미래 운명을 결정한다. 디지털 기술은 현 사회를 지탱하던 기본적인 가치, 질서, 규범, 관행 등을 근본적으로 바꾸어나가고 있다. 그러나 최근 가짜 뉴스와 인공지능 알고리즘을 둘러싼 논쟁에서 드러나듯이, 일부 디지털 기술 기업과 연구자들은 디지털 시대에는 이용자 스스로가 기술을 습득하고 정보를 판별하는 능력을 갖추어야 한다며 이용자 책임을 강조한다. 즉 이용자 스스로가 지식과 기술을 익혀서 각종 문제를 사전에 방지할 필요가 있으며, 이 차원에서 이용자의 디지털 시민역량을 강조한다.

그러나 4차 산업혁명 시대는 관련 기술혁신의 속도, 정보의 전문성 등을 고려할 때 단순히 이용자 개인의 책임 아래 맡겨두기는 어렵다고 할 수 있다. 디지털 시민역량의 함양은 기본적으로 혁신 기술의 공급 주체와 국가 및 공공 차원에서 고민할 문제이지, 단순히 이용자, 학생, 시민 역량의 차원에서 개인의 책임으로 돌릴 문제는 아니다. 따라서 근대 이후 민주주의의 기반이 된 개인으로서의 시민의 등장이 국가 차원의 대중적 교육 체계의 구축을 통해 이루어졌다고 할 때, 디지털 기술혁신이 주도하는 새로운 시대에는 기존 교육의 유산 위에 디지털 시민역량 교육의 국가적 구축이 이루어져야 할 것이다.

즉, 디지털 시민역량 교육은 모든 시민에게 디지털이 바꾸어 놓을 미래 세상에 철저히 대비하고 적응하도록 준비시켜서 그 혜택을 충분히 골고루 누릴 수 있도록 해야 한다. 공립학교에서 디지털 문맹 퇴치 프로그램을 만들어내는 것이 그 출발점이 되어야 한다. 그러나 디지털 시민역량 교육은 단순히 스마트 기기 활용법이나 컴퓨터 언어의 습득 차원에서 머물러서는 안된다. 혁신적 변화에 능동적으로 적응함과 동시에, 변화를 주도할 수 있는 적극적인 지성인을 키워내는 교육으로 디지털 시민역량 교육은 뒷받침되어야 한다. 철학적 사유와 비판적 지성만이 미래의 시민들이 보다 복잡하고 상호 연결된 불확실한 세상에서 자유로운 판단과 책임 있는 행동으로 정보를 향유하고 생산하도록 해줄 수 있기 때문이다. 인터넷 검색으로 해결해주지 못하는 질문을 던지고 답을 찾을 수 있는 능력을 통해서만이 인공지능이 대체한 자리를 넘어서 인간만이 수행할 수 있는 과제를 탐구하고 인간만이 누릴 수 있는 새로운 도전을 규정하고 극복하는 것이 가능하다. 디지털 기술이 자신의 삶과 사회에 미치는 영향을 이해하고, 다양한 디지털 기술과 도구를 자유롭게 활용할 수 있는 디지털 시민역량은 미래 교육의 출발점이 되어야 하지만, 비판적 사고를 기반으로 하는 종합적 지성만이 미래 교육을 완성할 수 있다. 이 점에서 디지털 시민역량을 포괄하는 창의지성교육은 진정한 미래 교육의 대안이기도 하다.

VII

맺는말 : 경기혁신교육의 대전환을 위하여

Ⅶ. 맺는말 : 경기혁신교육의 대전환을 위하여

필자는 2009년부터 혁신학교를 필두로 하는 경기혁신교육의 원형을 주도적으로 설계하였고, 또 이를 현실로 구현하기 위해 노력해왔다. 2009년 김상곤 교육감 후보의 정책전략 책임자로서 혁신학교의 구상을 최초로 기획하여 공약 단계부터 창안·설계하였고, 무상 급식과 학생 인권에 대한 공약을 설계하였던 바 있다. 2010년 이후에는 혁신학교뿐만 아니라 창의지성교육, 보편적 교육복지, 참여 협육, 학교 민주주의 등의 경기도교육청의 기본적 정책을 설계하고 이를 정책화하는 데 앞장서 왔다. 이 연장선에서 2009년부터 2014년 6월까지 경기도교육청 혁신학교 추진위원회 위원장, 창의지성교육추진단 단장, 화성시 창의지성교육지원센터 센터장 등으로 일하며 경기도의 학교에서 혁신교육이 꽃필 수 있도록 헌신하였다.

필자가 경기도교육청에서 핵심적으로 추진해왔던 일은 혁신학교 만들기, 창의지성교육의 실천과 학교 교육의 업그레이드, 학교 민주주의와 민주 시민 교육의 체계화 등이다. 이러한 활동은 경기혁신교육의 기본 가치인 민주성, 평등성, 창의성, 공공성에 입각하여 교육의 본령을 바로잡기 위한 것이었다.

경기혁신교육은 학생, 교사, 학부모 등 교육 주체들이 민주적으로 참여하여 함께 학교를 만들고, 모든 아이들이 평등한 조건 속에서 품격 있는 창의지성교육을 향유하도록 함으로써, 궁극적으로 미래 대한민국의 주체로 서도록 한다는 취지를 갖고 있다. 공교육을 근본적으로 개혁하여 격조 높은 교육을 제공함으로써, 공교육에 의지할 수밖에 없는 보통 시민의 자녀를 똑똑하고 위대하게 키우고자 한 것이며, 이를 기반으로 우리 사회가 더욱 평등하고 공공성이 살아 있는 건강한 공동체로 거듭나게 하기 위한 것이었다. 이러한 노력의 성과로 2009년부터 시작된 경기교육은 대한민국 교육 혁신의 메카이자 상징으로 자리잡을 수 있었다.

경기혁신교육의 위기

그러나 오늘날 경기교육은 교육 주체들의 민주적 참여에 의한 교육의 완성이라는 혁신교육의 기본 철학으로부터 멀어져, 근본적인 위기에 봉착해 있다는 거센 비판을 받고 있다. 혁신교육은 현장과 적극적으로 소통하고 협력을 통해 변화를 이끌어낼 수 있어야만 성공할 수 있다. 즉 민주주의 속에서만 꽃필 수 있는 것이다. 불통과 군림은 관료주의를 불러오고, 위로부터의 일방적인 지시와 현상 유지를 위한 통제를 교육 행정의 관행으로 고착시키게 된다. 이러한 상황은 학교 현장의 혁신 의지를 약화시키고, 결국은 책임을 회피하기 위한 순응주의와 복지부동을 낳게 된다. 나아가 현장의 교사들은 일방적 통제 위주의 관료주의로 퇴행하는 상황 속에서 다양한 형태의 좌절을 경험하고 궁극적으로 적극적인 교육 혁신 노력을 포기하고 있다는 지적도 커져 가고 있으며, 그 피해는 고스란히 학생들에게 돌아가게 된다.

불통과 군림은 '혁신교육'이라는 단어만 남길 뿐, 혁신교육의 내용과 본질은 질식시켜버리고, 이러한 과정을 통해 사실상 혁신교육은 부정되고 있다고 해도 과언이 아니다.

첫째, 지금까지 혁신학교는 초중고 연계의 난점, 안정적 지속가능성의 문제 등을 남기면서도, 혁신적 교사 역량과 공공적 학부모 역량, 나아가 학생들의 자기 주도 능력의 향상 등의 적극적인 성과를 낳았다. 그러나 현 경기교육 행정 4년의 기간 동안에 혁신학교의 질 관리 체제는 후퇴하였고, 혁신 공감 학교라는 애매한 위상의 정책을 도입함으로써 공교육 혁신의 모델이자 파일럿 스쿨인 혁신학교 정책을 사실상 붕괴시켰다는 지적을 받고 있다.

둘째, 창의지성교육이라는 근본적인 교육 전환의 방향을 적절한 검토 없이 삭제해버림으로써 정책의 연속성은 물론이고, 혁신교육의 궁극적 지향점 또한 부정해버리는 정책적 우를 범하였다고 할 수 있다. 그 결과 미래 창의적이고 독립적인 시민이 가져야 할 지성, 즉 비판적 사고와 종합적 생각을 키우는 교육 방향은 상실되었고, 도리어 교과서에 의존한 구태의연한 문제풀이 교육과 진로 교육으로 회귀하였다.

셋째, 더욱 문제가 되는 것은 이렇듯 학교 안의 교육 과정과 내용에 대한 혁신은 방치한 채, 현재의 경기교육청이 학교 밖에서, 그 실체가 매우 불분명한 '마을'이라는 애매한 곳에서 답을 찾고 있다는 점이다. 이른바 '꿈의 학교', '꿈의 대학'이라는 프로그램은 학부모의 사정에 따라 학생들 사이에 참여 정도의 차이가 크다는 점, 그리고 그 프로그램들이 학교의 교육 과정과 본질적으로 연계되지 못하고 학교 교육의 개선에 별다른 기여를 하지 못하고 있다는 점, 그리고 현장에서는 거의 외면되고 있다는 커다란 한계를 갖고 있다. 교육의 질적인 개선은 학교에서 시작되어 학교에서 완성되어야 한다. 아이들은 근본적으로는 학교라는 공간 안에서 원스톱(one-stop)으로 질 높은 교육을 향유할 수 있어야만 한다.

넷째, '9시 등교'나 '고교 석식 폐지' 문제도 생각해볼 점이

많다. 이 정책은 아이들에게 시간과 자주적 활동의 여유를 부여하고 균형적 발전의 기회를 주겠다는 일견 건강한 취지를 갖고 있다고 할 수 있다. 그러나 급작스러운 일방통행식의 정책 실행은 생업에 종사할 수밖에 없는 대다수 학부모의 사정을 고려하지 못하였고, 아이들을 가족과 학교의 돌봄 공백에 놓이게 하거나 사교육 및 불량 식품의 위험에 방치하는 결과를 가져오기도 하였다. 정책의 실행 조건을 민주적으로 고려하지 않고, 정책의 진보적 취지만을 무리하게 앞세운 권위주의 혹은 관료주의 태도의 전형적 사례다.

나아가 2009년 이후 경기혁신교육에서부터 확산된 '전국적 혁신교육'도 자립적이고 진취적인 길을 찾지 못하고, 그 내용에서는 빛이 바래지고 있다. 현재 '혁신학교' 등 소수의 정책을 제외하고, 전국적인 혁신교육은 보다 본질적이고 총체적인 교육 혁신의 동력을 지속하고 있지 못하는 현실이다. 혁신교육의 원래 가치인 민주성, 평등성, 창의성, 공공성이라는 가치를 체계적으로 추구하여 학생과 학부모에게 만족도가 높은 고품격의 교육을 제공하지 못함으로써, 일종의 '혁신교육 피로감'마저 나타나고 있음을 부인할 수 없다. 전국적 혁신교육의 위기 상황은 혁신교육의 출발점인 경기교육의 후퇴와 위기로 더욱 가중되고 있다. 이제 지난 시기 혁신교육의 흐름은 하나의 수명 주기를 다해 가고 있다고 보아야 한다.

경기혁신교육 대전환의 요구

이제 2018년은 미래를 향한 경기혁신교육의 대전환을 추진해야 하는 절박한 시점이다. 혁신교육의 철학과 가치를 분명히 세우면서도, 그 생명을 다해가는 '2009 혁신교육'을 과감히 넘어서는 경기혁신교육의 대전환을 이루어야 한다. 우리가 추진하고자 하는 '경기혁신교육의 대전환'은 혁신교육의 철학에 입각하여 이 시대적 화두에 정확하게 답하고, 보다 담대하게 혁신교육의 새로운 가능성을 개척하는 것이다. 따라서 경기혁신교육의 대전환은 복잡한 새로운 프로그램들을 무리하게 더하기보다는 혁신교육의 기본 가치를 충분히 되살리면서, 기존 혁신교육의 한계를 뛰어넘는 새로운 라운드의 혁신교육의 방향과 내용을 분명히 하는 것이어야 한다.

경기혁신교육의 대전환은,

첫째, 교육의 기본적 내용을 바꾸어 본질적인 개선(up-grade)을 이루고,

둘째, 학교를 새로운 교육 내용을 담을 수 있는 새로운 교육 생태계로 근본적으로 재구성하고,

셋째, 내용과 형식(생태계) 모두 혁신적으로 재구성될 공교육을 받쳐줄 수 있는 지역 교육 자치 공동체 모델의 구현을 커다란 축으로 한다.

전환의 방향성 Ⅰ : 창의지성교육

무엇보다 먼저 창의지성교육을 발전적으로 재구성함으로써 공교육의 기본적인 내용을 근본적으로 전환해야 한다. 촛불 시민혁명으로 시민이 주인되고, 4차 산업혁명으로 인간의 발본적인 창의성과 주체성이 요구되는 시대에 우리는 학교 교육에서 '공부'와 '학력'의 실체를 보다 명확히 해야 하기 때문이다.

공부하지 않아서 행복한 학교란 있을 수 없다. 아이들의 인성을 왜곡하고 미래를 낭비하는 '교과서형 지식 암기' 공부가 아니라, 아이들을 우리 사회의 명실상부한 주인인 독립적 시민이 되도록 하고, 4차 산업혁명의 흐름을 민주적으로 통제하여 인간을 위한 변화로 이끌 수 있는 창의적 역량가로 기르기 위해서는 지성의 본질을 꿰뚫는 품격 높은 공부에 도전해야 한다.

창의지성교육은 학생과 교사가 민주적인 교육 주체로 바로 서서, 단순 지식의 암기 및 적용, 기능적 역량의 체득을 넘어서 자신만의 비판적 사고와 종합적 생각(지성)을 키워내는 고품격의 교육이다. 이 새로운 교육을 통해, 아이들은 궁극적으로 세계, 사회, 자신에 대한 통찰과 철학적 인식을 키우고, 더불어 행복하고 정의로운 삶을 구현할 수 있는 기획 능력을 갖추고, 각 개인의 건강한 정체성에 기초해 사회적 연대를 발전시키는 이 시대의 건강하고 독립적인, 그리고 똑똑한 시민으로 성장할 것이다. 이 새로운 공부로 다듬어진 학력을 통해서 우리는 대한민국 민주주의의 질적 심화에 기여하는 것은 물론이요, 대한민국의 지적 기반을 획기적으로 개선하여 미래형 국력과 경쟁력을 강화할 수 있을 것이다.

전환의 방향성 Ⅱ : 민주주의학교, 교육생태계의 전환

다음으로 이러한 미래지향적 공부인 창의지성교육을 성공적으로 구현할 수 있도록 교육 생태계, 특히 학교 생태계를 전면적으로 전환해야 한다. 이제 우리 아이들은 학교에서 억압적이고 단조로운 삶에서 벗어나 새로운 삶(new life)을 살아야 한다. 학교에서 민주주의를 살고, 보편적 복지를 경험하고, 지속가능한 삶과 경제를 살고, 궁극적으로 노동과 인간을 존중하는 삶을 살아가도록 함으로써, 학교에서 아이들의 삶의 의미와 만족도가 아주 높은 수준으로 유지될 수 있도록 해야 하는 것이다. 매일의 삶이 새롭고 그것을 통해서 아이들 스스로의 삶이 달라지는 학교, 그래서 아이들이 학교를 떠나기 싫어하는 새로운 학교 생태계를 만들어주어야 한다.

이를 위해 다음 네 가지 측면에 주목하여 학교 공동체의 본질적 전환을 추구할 필요가 있다.

첫째, 공교육의 장을 위계적 학교에서 민주주의학교로 근본적으로 전환하는 것이다. 창의지성교육은 민주적인 학교 공동체라는 생태계가 뒷받침되고, 그 공동체에서 교육의 주체인 교사와 학생이 주인으로 나설 수 있을 때 비로소 가능해진다. 교사, 학생, 학부모가 실질적으로 자치(自治)할 뿐만 아니라, 학교 공동체의 주인으로서 참여하고 결정할 수 있어야 한다. 한 마디로 교사와 학생, 학부모는 학교 공동체 안에서 민주주의를 살아가는 것(living in democracy)이 민주주의학교다. 민주주의란 관념으로 이해하거나 교재를 통해 가르칠 수 있는 것이 아니라, 민주적으로 살아감으로써 가장 잘 배울 수 있다.

둘째, 보편 복지 학교로 전환이다. 사회의 양극화와 불안정 속에 놓여 있는 아이들이 새로운 공부, 즉 지성을 키울 수 있으려면 학교 안에 일종의 안전 장치가 있어야 한다. 학교가 학생들에게 친환경 무상 급식, 수업 준비물, 고교 수업료 공공 부담 등의 무상 교육화, 교복 제공, 폭넓은 공공적 돌봄과 복지 상담, 개별적 기초 학력 보강 지원 등 보다 폭넓고 심화된 보편적 복지를 제공함으로써 학생들이 종합적 지성과 시민 역량을 키우는 데 집중할 수 있는 환경을 제공해주어야 한다. 특히 학교의 창의지성교육 과정을 연계지원하는 공공적 돌봄과 일과전-방과후 과정, 나아가 지역 공동체 차원의 다양한 교육 지원 등은 새로운 공부를 체계적으로 뒷받침해주는 높은 차원의 교육복지라 할 수 있을 것이다.

셋째, 노동 존중 학교를 구현하는 것이다. 교육 행정과 학교 공동체 안에 존재하는 다양한 형태의 노동을 존중하고, 비정규직과 차별이 없는 노동 인권 평등, 그리고 현장 민주주의가 정착되어야 한다. 이를 위해 학교 및 교육 공동체 구성원 모두에게 삶의 원천으로서 노동의 의미와 가치를 강조하고 노동의 권리를 자각시키는 실질적인 노동 인권 교육을 체계적으로 추진해야 한다. 이 노동 인권 학교는 모든 차별과 폭력을 일상생활에서 의식적으로 넘어서기 위한 인간 존중 의식을 본질적으로 강화해줄 것이다.

넷째, 지속가능 학교를 만들어내는 것이다. 우리는 기후 변화와 심각한 환경 파괴, 미세먼지의 상황에서 아이들을 건강하게 키우지 않으면 안된다. 아이들이 청정한 환경에서 안전하게 뛰어놀고 공부할 수 있도록 학교 환경을 서둘러 재구축해야 한다. 그리고 학교 공동체가 일상생활에서 에너지 절약과 효율화, 그리고 친환경 에너지 활용을 선도적으로 실천하도록 하고, 그 속에서 아이들이 친환경의 삶을 살아가도록 해야 한다. 나아가 학교 안에서 사회적 기업 등을 활성화함으로써 아이들은 건강한 경제를 경험하고 체화시킬 수 있을 것이다.

이러한 학교 생태계의 변화시키를 통해 우리가 추구하는 목표는 아이들이 민주주의, 보편 복지, 노동 인권, 지속가능성의 삶을 직접적으로 살도록 함으로써, 이 시대의 지성적인 시민이 가져야만 하는 새로운 삶의 철학과 양식을 몸에 익히도록 하는 것이다.

마지막으로는 창의지성교육, 그리고 새로운 학교 생태계를 구현할 방법으로 '분권 자치 교육 공동체'를 이루어내야 한다. 구체적으로는 경기도의 지방 자치체와 전면적인 교육 협력 모델을 발전시켜서 지자체별로 적정 규모의 분권 자치 교육 공동체를 구축하고 이를 통해 새로운 교육 혁신의 모델을 구축하고, 이 성과를 확대해나가는 것이다. 분권 자치 교육 공동체를 위해 지역별로 통합된 교육 자치를 구현하는 거버넌스를 구축하여 지역의 역사성과 자산을 가장 잘 살리는 다양한 지역별 창의지성교육이 구현될 수 있다.

2018년, 미래를 향한 경기 혁신교육의 대전환

정체와 위기에 빠진 '2009 혁신교육'의 제약을 넘어서 올해에는 경기 혁신교육의 거대한 전환을 이루어야 한다. 경기 혁신교육의 대전환을 성공적으로 기획하고 실천하기 위해서, 가장 우선 교육 행정부터 획기적으로 변해야 한다. 불통, 군림, 관료주의를 넘어서 현장과 함께 호흡하고, 현장의 변화를 가장 우선하는, 민주적으로 소통하는 교육 행정이 시급히 정착되어야 한다. 현재의 학교는 교사, 학생, 학부모, 직원, 그리고 관리 감독 기관들 각각이 서로 다른 곳을 바라보면서 갈등을 넘어 마치 투쟁의 장으로 변질된 참담한 상황이다. 상호 존중과 협치가 이루어지는 민주주의학교에서 창의지성교육으로 길러진 민주 시민들이 민주주의를 완성하고 미래의 변화를 주도할 수 있기 위해서는 '2018년, 미래를 향한 경기 혁신교육의 대전환'이 반드시 이루어져야 한다.

VIII

참고 문헌

강충렬, 송주명(2013).『학교혁신의 이론과 실제』. 지학사.

경기도교육청(2012).『2012년 경기도 교육 과정』. 경기도교육청.

경기도교육청(2013).『중등 창의지성교육 과정 개발 정책연구』. 경기도교육청.

경기도교육청(2014).『학교민주주의 구조화를 위한 민주시민교육 활성화 방안』. 경기도교육청.

누스바움, 마사(2011). 우석영 역. 공부를 넘어 교육으로(원제: *Not for Profit*). 서울: 궁리.

듀이, J. 강윤중 역(1995).『경험과 교육』. 배영사.

듀이, J. 이홍우 역(2007).『민주주의와 교육』. 교육과학사.

목영해(2009).『현대교육사상: 진보주의 교육론에서 노마디즘까지』. 서울: 문음사.

브루너, J. 강현석 외 역(2005)『교육의 문화』. 교육과학사.

비고츠키, L.(2011).『생각과 말』, 배희철, 김용호 옮김(살림터).

송주명(2011). "혁신학교 아이들의 공부법". 김상곤 외.『경제학자, 교육혁신을 말하다』. 창비.

송주명(2012)『창의지성교육의 개념, 구조, 실천과제』. 경기도교육청 용역보고서.

송주명(2013). "한국의 새로운 교육문화토양: 창의지성교육 과정과 수업". 경기도교육청 국제혁신교육심포지엄 발제문. 7월11일 고양킨텍스.

송주명(2014). "교육의 패러다임을 바꾸는 새로운 서울교육: 혁

신미래교육과 창의적 세계민주시민육성”.『입법 & 정
책』(서울특별시의회). 제7호.

스피노자 지음/황태연 옮김.『에티카』. 비홍출판사. 2014년 01월

이수광(2013) “화성시 창의지성교육 과정 Framework 개발연
구”. 연구결과보고. 6월.

이연숙(2005). “인구구조 변화에 따른 가족관계·생애주기 예
측,”대통령자문 고령화 및 미래사회위원회/보건복지부.

장 피아제,『교육론』, 이병애 옮김(동문선, 2005)

정하용. 2015. “4텍스트와 창의지성수업”.『4-text 교육 과정 적
용을 통한 수업방법론 개발』2015 화성창의지성교육지
원센터 정책연구 보고서.

조경원 외(2004).『서양교육의 이해』. 교육과학사

하워드 가드너 지음/문용린, 유경재 옮김. 2007.『다중지능』. 웅
진지식하우스.

한국교육개발원. 2013, “미래 인재 양성을 위한 핵심역량 교육
및 혁신적 학습생태계 구축”

허친스, R. M. 조희성 역(1995).『대학이란 무엇이며 무엇을 위
한 대학교육인가?』. 학지사.

허친스, R. M. 최혁순 역(1981 a). “학습하는 사회”.『교육혁명』.
범조사.

허친스, R. M. 최혁순 역(1981 b). “위대한 대화”.『교육혁명』.
범조사.

Anderson, Lorin W. & Lauren A. Sosniak, eds.(1994), *Bloom's Taxonomy: A Forty-Year Retrospective.* Chicago National Society for the Study of Education.

Canada's Center for Digital and Media Literacy. http://mediasmarts.ca/digital-media-literacy-fundamentals/digital-literacy-fundamentals.

http://dx.doi.org/10.1787/9789264262829-8-en

Marc Prensky, (2001) "Digital Natives, Digital Immigrants Part 1", *On the Horizon*, Vol. 9 Issue: 5, pp.1-6.

Martha C. Nussbaum, *Creating Capabilities*, Harvard University Press, 2011.

OECD (2016), "Capacity building for education reform", in *Education Governance in Action: Lessons from Case Studies*, OECD Publishing, Paris.

Frassinelli, Lorraine(2006). "Educational Reform in Finland." *EAD* 845. August 18. 〈http://www.msu.edu/user/frassine/EAD845%20-%20Educational%20Reform%20in%20Finland.pdf〉

Sahlberg, Pasi(2009). "A short history of educational reform in Finland." *European Training Foundation*, April. 〈http://192.192.169.112/filedownload/%E8%8A%AC%E8%98%AD%E6%95%99%E8%82%B

A%20short%20history%20of%20educational%20re-
form%20in%20Finland%20FINAL.pdf〉 검색일: 2011.
10. 8.

William Cronon, 1998, "'Only Connect...' The Goals of a
Liberal Education," American Scholar.

IX

저자 약력

저자 약력

한신대학교 글로벌협력대학 일본학과(정치학, 국제정치) 교수

(1999년~현재)

(민주노총 공공운수노동조합 정책연구소) 사회공공연구원 원장

(2016년~현재)

전직 : 교육 분야

경기도교육청 혁신학교추진위원회 위원장 (2009~2014.6)

경기도교육청 창의지성교육추진단 단장 (2012~2014.6)

화성시 창의지성교육지원센터 센터장 (2012~2015.1)

서울시교육청 혁신미래교육추진단 단장 (2014)

서울시교육청 서울교육발전자문위원회 위원(2015~2017)

전직 : 사회 분야

민주화를 위한 전국교수협의회(민교협) 상임공동의장

(2014.6~2017.6)

민주화를 위한 전국교수협의회 초중등위원장

(2017~2018.1)

박근혜 정권퇴진과 민주평등국가시스템 구성을 위한

전국교수연구자비상시국회의 상임대표　　　(2016.11~2017.10)

박근혜정권퇴진비상국민행동(퇴진행동)

상임운영위원·공동대표　　　(2016.11~2017.5)

(노무현대통령)탄핵무효·부패정치청산범국민행동
정책위원장   (2004)

전직 : 연구 분야

한신대학교 평생교육원장, 지역발전센터장

미국 플로리다주립대학교(University of Florida) 정치외교학과 초
빙연구원(Visiting Scholar) (2006~2007년)

서울대학교 지역종합연구소, 국제지역원 연구원 (1996~1999년)

일본 토쿄대학 사회과학연구소 외국인 연구원 (1994~1996년)

일본 외무성 국제교류기금 펠로우(박사후보과정, 1994~1995년)

학력

전라남도 목포교육대학부속국민학교(1970~1976)

전라남도 목포유달중학교(1976~1979)

전라남도 목포고등학교(1979~1982)

서울대학교 사회과학대학 정치학과 정치학 학사 (1987년 2월)

서울대학교 대학원 정치학과 정치학 석사 (1989년 2월)

서울대학교 대학원 정치학과 정치학 박사 (1996년 8월)

기초 정보

1964년 전라남도 목포시(해남) 출생

논저

저서

『일본의 경제위기와 봉합의 정치적 대응』, 세종연구소, 1999.

『2012 차이나 리포트』(공저), 인간사랑, 2008.

『탈냉전기 일본의 국가 전략』, 창비, 2009.

『20세기의 유산 21세기의 진로』(공저), 사회평론아카데미, 2012.

『학교혁신의 이론과 실제』(공저), 지학사, 2013.

논문

「일본의 "확장적" 신중상주의 전략과 해외투자정책 — 1980년대 산
　　　　업구조전환과 ASEAN 지역투자를 중심으로」(박사학위
　　　　논문), 서울대학교 대학원, 1996.8.

「중국의 지속성장과 에너지자원의 병목」, 한국 사회과학, 2007.10.

「일본의 개헌논의와 양원제의 개혁방향」, 의정연구, 2007.12.

「에너지 위기와 해외자원의 공공적 자주개발전략: 통합적 에너지전
　　　　문 공기업의 형성을 위하여」, 2008.7.

「혁신교육과 창의지성교육」, 경기교육, 2011.12.

「생산 세계화와 산업 공동화: 일본자동차산업의 글로벌 생산전략 」,
　　　　일본연구논총, 2012.6

「에너지 이행시대의 해외 에너지 '자주개발'」,평화연구, 2013.4.

「교육의 패러다임을 바꾸는 새로운 서울교육: 혁신미래교육과 창
　　　　의적 세계민주시민 육성」, 입법&정책(서울특별시의회),
　　　　2014.10

창의지성교육과 민주주의학교 :
공부도 잘 하는 혁신교육 2.0

초판 1쇄 발행 | 2018년 3월 10일

지은이 | 송주명
기획·자문 | 고훈석
편　집 | 김태진
발행인 | 김영진
발행처 | 진인진
등　록 | 제25100-2005-000003호
주　소 | 경기도 과천시 별양상가 1로 18 614호(별양동 과천오피스텔)
전　화 | 02-507-3077-8
팩　스 | 02-507-3079
홈페이지 | http://www.zininzin.co.kr
이메일 | pub@zininzin.co.kr

ⓒ 진인진 2018
ISBN 978-89-6347-373-4 93370